LIBRAIRIE CLASSIQUE
DE Mme Ve MAIRE-NYON

DICTÉES PROGRESSIVES

OU

INTRODUCTION A L'ÉTUDE DE L'ORTHOGRAPHE FRANÇAISE

PAR J. MALVESIN

DICTÉES PROGRESSIVES.

Ouvrages du même Auteur

QUI SERONT PUBLIÉS PROCHAINEMENT.

Cours analytique d'Orthographe française usuelle. — Théorie, Questionnaire et Devoirs. (Partie de l'Élève.)

Idem. (Partie du Maître.)

Cours d'Orthographe grammaticale, contenant le système complet de conjugaison des verbes réguliers, irréguliers et défectifs.

Cours progressif d'Analyse grammaticale et d'Analyse logique.

Principes de la Grammaire française déduits de l'Analyse.

Principes de l'Art d'écrire déduits de l'Analyse.

Paris. — Imprimé par E. Thunot et Cⁱᵉ, 26, rue Racine.

DICTÉES PROGRESSIVES

OU

INTRODUCTION A L'ÉTUDE

DE

L'ORTHOGRAPHE FRANÇAISE

PAR

J. MALVESIN.

PARIS

LIBRAIRIE CLASSIQUE DE Mme Ve MAIRE-NYON,

13, QUAI CONTI.

1859

Les exemplaires non revêtus de la griffe de l'auteur, seront réputés contrefaits.

AVERTISSEMENT.

Les élèves ont en général peu de goût pour l'étude de l'orthographe, parce qu'ils y font beaucoup de fautes, et ils aiment à réussir dans ce qu'ils font; le succès les encourage.

Le but de ce travail a été de rendre cette étude attrayante et facile, en présentant une suite de dictées combinées de manière que les élèves puissent n'y faire que peu de fautes, ou même ne pas en faire du tout.

Cette méthode a été expérimentée avec succès pendant plusieurs années, et elle doit servir pour les élèves plus jeunes ou moins avancés, de préparation au *Cours analytique d'Orthographe française usuelle* que nous publierons. Elle n'exige aucune connaissance préliminaire de la grammaire; elle peut être employée avec des enfants qui ne savent pas encore écrire, en leur faisant faire les exercices de vive voix. Il convient même d'exercer de temps en temps tous les élèves à répondre verbalement, soit pour varier la forme du travail, soit afin que l'orthographe se grave mieux dans la mémoire.

Pour que les progrès soient plus rapides, il convient que les élèves ayant ce livre en mains, étudient chaque dictée avant de l'écrire.

Ces exercices offriront plus d'attrait aux élèves si on leur fait connaître le sens de chaque mot qui y est employé; ce sera mieux encore si, par des questions, on leur fait trouver ce sens par eux-mêmes.

Avant chaque dictée, se trouve indiquée la manière dont elle doit être faite ou l'explication qui doit être donnée.

DICTÉES PROGRESSIVES.

PREMIÈRE PARTIE.

ORTHOGRAPHE NATURELLE.

1.

On avertira les élèves que les mots qui seront dictés doivent être écrits comme on les prononce, en n'employant que les lettres suivantes :

a, e, é, i, o, u;

b, c prononcé *ke; d, f, g* prononcé *gue; j, l, m, n, p, r, s, t, v, x, z.*

Chaque phrase doit être commencée par une lettre majuscule et terminée par un point.

Les mots doivent être prononcés lentement et distinctement, en faisant une petite pause entre les syllabes.

On devra indiquer la nature de chaque accent.

Papa lira ma note. — Ma robe sera sale. — La mère file. — Le père fume sa pipe. — Ma mère fera le café. — Papa vide la cave. — La dame a sa robe de gaze. — Le curé lira. — La lune se lève. — Ma mère rêve. — La mère lave sa jupe. — Va lire. — Le père va à la cave. — Papa rira de ta mine pâle. — Le pâté sera doré. — La cuve sera vide. — Papa me tape. — La dame a du luxe. — Sa robe sera à la mode. — Le père fera la pâte. — La mère fera le pâté. — Papa vida la cuve à midi.

2.

Papa punira la vanité. — Ma mère dira la vérité. — La petite cabane sera solide. — La lune se lèvera. — La petite linote vole. — La carafe sera vide. — Samedi le jubilé sera fini. — Ta mère te bénira. — La famine sera à Malaga. — La farine sera rare. — Le carême sera fini. — Papa videra la carafe. — Madame a sa petite capote à la mode. — La petite serine sera malade. — Ta figure sera livide. — Le navire de papa va à Panama. — Ta mère sera le modèle de la pureté.

3.

Papa tirera sa carabine. — Caroline va le samedi à la filature. — La limonade sera fade. — Ma mère fera le macaroni. — Caroline sera ma favorite. — Papa videra ma tirelire. — Caroline rira de ta timidité. — Le curé lira la parabole. — Madame a sa palatine. — Le camarade fumera sa pipe. — La caricature sera ridicule. — Papa a de la sévérité. — La serine favorite de Caroline sera délicate. — Le macaroni sera salé. — Rome sera la capitale.

4.

Évélina sera économe. — Amélie sera avare. — Adore la Divinité. — Imite l'économie de ta mère. — Marie ira à l'école. — Amédée étudiera. — Émilie fera le café. — Zélie remuera la salade. — L'amabilité de Caroline sera égale. — L'épi sera vide. — Le boa sera avide. — Aline ira à l'Opéra. — La petite amie de Julie a abîmé sa jolie robe. — La pelote de Marie sera ovale. — Le cacao sera pilé. — L'étude sera finie. — L'écume sera ôtée. — L'étui sera vidé. — L'économie de Marie sera utile. — Julie fera une purée. — L'île sera aride. — L'ami de papa sera à l'agonie. — Émilie vide la fiole.

5.

On expliquera que la réunion des deux voyelles *o, u* forme le son simple *ou*.

La poule couve. — La boule roule. — Écoute ta mère. — Marie fera la semoule. — Papa a tué une louve. — Émile découpe le rôti. — Le joujou de Caroline sera abîmé. — L'âne a le licou. — Zélie boude. — Le curé a une soutane. — Amélie douta de la vérité. — Le filou vola le bijou. — La cuve coule. — Ma mère fera la soupe de sagou ou de tapioca. — La poupe du navire sera dorée. — L'ami de papa fera la route de l'Italie. — Émilie refera une couture à sa robe. — Écoute le coucou. — Ma soucoupe sera sale.

6.

On expliquera que la réunion des deux consonnes c, h forme l'articulation simple ch.

La mouche vole. — Le coucou avale la mouche. — Émilie sera louche. — Marie touche à sa bouche. — Zélie a taché sa robe. — Amédée videra la ruche. — La poche de papa a été déchirée. — Le filou a dérobé la vache. — Le riche fera la charité. — Marie chicane sa petite amie. — La lâcheté sera punie. — La machine sera abîmée. — Diane couchera à la niche. — La foule écoute le charivari. — Le chêne sera coupé. — Papa a tué une biche. — Émile vide sa chopine. — Une roche coupe la route. — Ma mère se couche. — Marie fera une chute.

7.

On expliquera que la réunion des deux consonnes g, n forme l'articulation mouillée gn.

Ma mère ira à Digne. — Émile pêche à la ligne. — La cognée coupe le chêne. — La charogne pue. — La malignité de Zélie sera punie. — Émilie sera maligne. — Le bagne sera aboli. — Caroline a signé. — Ma mère fera sa signature. — Je gagne ma vie. — Julie imita madame de Sévigné. — Aline ignore la vérité. — La tenue de ta mère a de la dignité. — La libéralité de papa sera digne. — Le navire sera signalé. — Amédée bêchera sa vigne. — Zélie rogne sa jupe. — Amélie a cogné sa tête. — Zoé a copié une ligne.

8.

On expliquera que la réunion des trois lettres *i*, *l*, *l* forme l'articulation mouillée *ill*.

Marie fera la bouillie. — La soupe sera bouillie. — La petite fille a mouillé sa robe. — Papa ôtera la rouille de sa carabine. — La poule fouille la paille. — Ma mère a la taille fine. — La volaille sera rôtie. — Caroline se cogna le coude à la muraille. — Le filou a dépouillé l'ami de papa. — Amédée a taillé la vigne. — La caille sera rôtie. — La famille de Caroline ira à Malaga. — Émile acheta de la limaille. — Papa découpera le bouilli. — Émile acheta une bille. — Ma mère veillera. — Amédée se réveille.

9.

On expliquera que la réunion des deux lettres *a*, *n* forme le son nasal *an*, et de même pour les sons suivants *in*, *on*, *un*.

Fanfan a sali le divan. — Maman le punira. — Ma tante demande du ruban. — La robe de maman a une ganse. — Dimanche l'ouragan a démoli la muraille. — Le pan de la muraille sera réparé. — Papa a été à Sedan, à Milan, à Rome. — Le milan a dévoré une linote. — Amédée lira le Dante. — Marie déchira une bande de sa jupe. — Adèle chante. — Caroline dansera. — La demande du vétéran sera écoutée. — La santé de la petite fille sera délicate. — La manche de ta robe a été tachée. — La sandale a été détachée. — Marie acheta une limande. — Le manche de la bêche sera réparé.

10. — in.

Papa a une redingote. — Maman a bu du vin de Malaga. — Ma tante a une robe de satin. — Le serin chante le matin. — Le mâtin sera à sa niche. — L'invalide a bu une pinte de vin. — Le chemin sera coupé. — Émile étudie le latin. — Papa demande une bûche de pin. — Fanfan a abîmé le pantin. — La pintade vole. — Le moulin sera démoli. — Le marin ira à Panama. — Le gamin dira une injure à Colin. — L'individu demanda du vin, du boudin, du lapin, de la dinde. — Maman a acheté du lin. — Colin a détaché le patin de Caroline. — Le pèlerin demanda le chemin de Rome.

11. — on.

Mon père demande une réponse. — Le melon de Simon sera bon. — Le vin de Mâcon sera tiré. — Mon jupon de coton a son galon déchiré. — Le canon a abîmé le gazon du baron. — Le salon de la rotonde sera démoli. — On a réparé le timon de la calèche. — Une ondée sera utile. — Le marin demanda la sonde. — Le chignon de Fanchon sera mêlé. — La soupe de potiron sera bouillante. — Mon bon papa me mènera à la fonderie. — Le talon de ma sandale a été déchiré. — Fanfan sera mignon. — Le démon sera confondu. — Le canon sera refondu. — Le mouton a été tondu. — Mon papa a répondu. — On ira à la montagne.

12. — un.

Chacun chantera sa chanson. — Amédée dira un conte. — Papa a acheté de l'alun. — Maman ira lundi à Melun. — Dimanche sera la veille de lundi. — On tire le pétunsé de la Chine. — Émilie a tiré un numéro. — Le numéro un sera bon. — On tirera du falun de la montagne. — Zélie ira à Loudun. — Ma défunte tante a été chérie de chacun.

13.

On expliquera que la réunion des deux voyelles *o, i* forme le son composé *oi*, et de même pour les sons suivants, *oin, ien*.

Caroline a de la mémoire. — Adèle demande à boire. — Voilà une poire. — Papa ira lundi à la foire de Melun. — Le moine a une robe noire. — Le navire a une voile de toile. — Maman leva son voile. — Le roi fera une loi. — Moi, je demande la voiture. — Voilà le convoi. — Papa a une redingote noire. — Aline a une petite boîte. — Papa boira du poiré. — Voilà une étoile. — Antoine sema l'avoine. — Ma tante a une robe de moire. — Le chanoine ira à Rome. — Émile a un jeton d'ivoire. — La Loire a inondé le canton. — Marie a une petite écumoire. — Antoine bêche une pivoine.

14. — oin. — ien.

Le talapoin adore une idole. — Le coin de la muraille sera réparé. — Fabien sera le soutien de sa famille. — L'oratorien fera le bien. — Antoine sera témoin du soin de Julien. — Le navire aérien ira à la voile. — Le foin sera séché. — La cabane de l'Indien a une toiture pointue. — Le comédien a bien joué son rôle. — Rien ne sera inutile. — Le galérien a volé Fabien. — La niche du chien sera petite. — Le chien caniche sera fidèle. — Le Dante a été un poète italien. — Le méridien signale midi. — Papa a bu son vin, moi le mien, toi le tien, Émilien le sien.

15. Une voyelle entre deux consonnes.

On fera remarquer que, dans les dictées précédentes, chaque syllabe contient un son seul, ou une articulation suivie d'un son. On expliquera la composition des syllabes dans les dictées suivantes.

Papa a la barbe noire. — La porte du jardin a été ouverte par Félix. — Justine versa une larme. — Gustave a été victime de son étourderie. — La cascade sera tarie. — Ton chien Castor a bouleversé mon jardin. — La récolte sera perdue. — Félix a fini la lecture du journal. — Un despote gouverna Varsovie. — La liste sera finie. — Victorine a fini sa tartine de confiture. — Le canal forme un coude. — Gustave fera la culbute. — La foule a fini son tumulte. — Le colonel conduira à la victoire. — Marie a ajouté de la muscade à la soupe. — La modiste a garni ta capote verte. — Ta modestie sera louée. — La marmite sera vide. — Ajax ira à la poste. — La posture ridicule de Félix sera punie. — La mascarade a été ridicule. — La mixture sera achevée. — Je cultive mon jardin avec soin. — Je cherche un canif.

16. Deux consonnes et une voyelle.

Le caporal tira son sabre. — Le colonel a gagné son grade par sa bravoure. — Le roi a perdu son trône. — Clorinde gronde Aglaé. — Grégoire coupe une tranche de melon. — Frédégonde a été méchante. — La foudre gronda. — La frégate partira mercredi. — L'écriture de Frédéric sera propre. — Ma gravure a un cadre doré. — Clotilde finira sa broderie. — La draperie de la fenêtre du salon a été déchirée. — L'ingratitude sera punie. — Le nègre sera délivré. — Le soufre brûle. — Napoléon chercha la gloire. — Le grillon chante. — La treille monte contre le mur. — Julia fera tondre son chien caniche. — Votre frère perdra son patrimoine par sa prodigalité. — Le jour décline. — La lune brille. — La chèvre rejoindra la vache à l'étable. — La rivière couvrira le pré. — Le cochon a un groin. — Ton café sera sucré.

17. Une voyelle et une consonne.

Le comédien joua un acte. — Oscar sera artiste. — Il a de l'aptitude pour l'étude. — L'escapade de l'espiègle sera punie. — Un fripon a volé de l'or. — Octavie fera un acte de charité. — Un espion a livré l'armée. — On a rétabli l'octroi. — La troupe défila sur l'esplanade. — Un astronome de l'observatoire a calculé une éclipse de lune. — Un nouvel astre a été observé. — Octave étudie l'astronomie. — Il deviendra astronome. — Votre espoir sera perdu. — L'esclave obtiendra sa liberté. — L'urne contiendra le vote de chacun. — Le piano sera sur une estrade. — Un ermite a vécu sur la montagne. — L'adverbe modifie un verbe ou un adjectif. — L'arsenic tue. — L'estragon parfume la moutarde. — Octavie se fera ursuline. — Oscar a parcouru l'Irlande. — L'Islande a été bouleversée par un volcan. — Votre armoire sera fermée. — Un arbre devra être planté. — L'amiral fera sortir l'escadre. — Mon alcove a une riche draperie. — Amédée reviendra à la fin d'octobre.

18. Deux consonnes, une voyelle et une consonne.

Le dimanche mon oncle porte un frac noir. — Le moine a un froc brun. — Clotilde fera un troc avec Octavie. — On a soulevé la voiture avec un cric. — On a tiré un cadavre de la rivière avec un croc. — Antoine montera un broc de vin de la cave. — Adèle chante presto. — Maman a été triste. — Marie a acheté un flacon de cristal. — Ma tante porte un crispin ou un talma. — Mon oncle joue le trictrac. — Le flegme montre un caractère calme. — On se servira du scalpel pour ouvrir le clou d'Amélie. — Avril reviendra. — Le curé sera à la sacristie. — On a pansé la fracture de Félix. — L'union amène la prospérité de la famille. — Ma mère a admiré un site agreste. — Mon frère observe un papillon avec un microscope. — Ma tante a un anévrisme. — Mon père viendra ouvrir la porte. — Ma mère va rouvrir l'armoire. — Le ménestrel chanta la gloire de la chevalerie. — Caroline devra se couvrir la tête. — Marie ira découvrir la marmite. — On te prescrira la diète. — La loi proscrira le crime. — On va rétablir la statue de Napoléon. — Le pavé sera incrusté de marbre. — L'ermite pria prosterné sur le sol. — Marie a un muscle du cou contracté. — Mon jardin fructifie.

19. Trois consonnes et une voyelle.

Un scribe gagne sa vie à écrire. — La gare du chemin de fer de Strasbourg a une structure solide. — Le scrupule de mon frère sera naturel. — On votera par le scrutin. — Mon père sera scrutateur. — Antoine cultive une stramoine. — Le stras brille. — Alfred montera sur le strapontin de la voiture. — Ta mère scrutera ta conduite. — On construira un navire. — Le colonel se servira d'un stratagème. — La sculpture du Louvre sera riche. — Le roi blâma la conduite du ministre. — Un garde de l'octroi inspecta notre voiture. — Un tigre étrangla une vache. — Le tribunal punira le criminel. — Je règle ma montre à l'observatoire. — Frédéric étudiera la sculpture.

DICTÉES DE RÉCAPITULATION.

20.

Le prêtre fermera le tabernacle. — Il sortira de la sacristie. — Il ouvrira la porte du jardin. — Il se promènera avec moi. — Il me racontera sa promenade à la montagne. — Ma tante reviendra samedi ou dimanche de Melun par le chemin de fer. — Colin conduira sa vache à la foire. — La cabane du vigneron a été construite à l'est du lac. — La servante conduira le cheval à l'écurie. — Le duc partira pour l'armée du sud. — La fidélité du brave caporal sera estimée. — La perversité du criminel sera punie. — Le fumiste a réparé la cheminée. — Mon père cultive une plante de tabac. — Je monte sur une borne de la route pour voir venir de loin la voiture de mon père. — Ton pantalon noir sera déchiré. — Le serin de Julie chante bien. — Frédéric a fini la lecture du journal.

21.

Mon frère a voulu parcourir le livre de Caroline. — Ursule a demandé de sortir pour voir sa tante. — Marie servira sur la table une tarte à la crème avec de la confiture. — On fera venir du ratafia de Grenoble. — Le bon vin de Bourgogne fortifiera ta santé débile. — Ma tante a mal à l'estomac. — Le

café lui nuira. — La muscade lui fera du bien.
— Évélina dira à Mélanie de venir la voir lundi, mardi ou mercredi. — Le sucre de votre limonade sera fondu. — Mon père fera venir par son navire du sucre de l'île de Bourbon. — On tire le poivre de Sumatra. — Le coton viendra de l'Inde. — La peste a éclaté à Constantinople. — La fièvre dévasta Andrinople. — La rareté de la farine amènera la famine. — Le caporal a été victime de sa témérité. — La lumière de la lune brille déjà sur la montagne.

22.

La cherté du vin fera boire de la bière. — Mon frère copie la facture du savon de Marseille. — La patrouille conduira le criminel à la tour du sud. — La muraille du jardin a été dégradée par la pluie. — On la réparera lundi ou mardi. — L'ouragan a dévasté notre jardin. — Le gazon a été bouleversé. — La cascade a été tarie. — Justine versera à boire à ma mère. — La récolte sera finie samedi ou lundi. — Si Gustave a fini son devoir, son père le conduira dimanche à la promenade. — On a coupé la corde de la lanterne. — Le charlatan fera le tour de la foire avec sa voiture. — Par ordre du roi, le colonel partira pour l'Italie avec l'armée. — Votre frère a lu un article du journal du soir. — Zélie ouvrira son armoire. — Papa fera venir de la moutarde de Dijon. — Julie a joué l'ouverture de la *Dame blanche*.

DEUXIÈME PARTIE.

ORTHOGRAPHE MULTIPLE.

SONS.

On expliquera aux élèves, dans les dictées suivantes, que le même son est représenté de diverses manières, suivant les mots dans lesquels il se trouve.

23. è par **ei.**

La Seine a débordé. — La reine d'Espagne partira dimanche. — Caroline a lu avec peine l'écriture de Madeleine. — Antoine cultive une verveine odorante. — Le seize avril, un navire partira pour la pêche de la baleine. — Mon père reviendra le treize juin. — Madeleine montera du vin de la cave. — La bouteille sera pleine. — La soirée sera sereine. — La veine de ton cou sera gonflée. — La baleine de ton parapluie a été tordue. — La reine sortira du Louvre. — Le roi traversa la Seine. — La petite Madeleine a une grande peine à lire. — La reine de Portugal a la figure sereine. — On trouva une baleine échouée sur la côte d'Irlande. — La Seine traverse la capitale.

24. è par ey.

Un bey gouverne Tunis. — Le dey a été détrôné. — Mon père ira de Genève à Ferney. — Un navire partira pour l'île de Jersey. — Mon frère a une bouteille de Leyde. — L'Aveyron traverse la contrée. — Mon oncle ira à Ferney.

25. è par ai.

Un aigle a établi son aire sur un roc escarpé. — Claire recoudra sa mitaine avec de la laine. — Voilà une aiguille. — L'abeille a un aiguillon. — Le vicaire lira son bréviaire. — Le locataire a obtenu un délai de son propriétaire pour sortir de son domaine de la Touraine. — La fontaine d'Aix sera saine pour un poitrinaire. — La chair du porc sera malsaine. — La saponaire sera salutaire. — Je planterai de la marjolaine. — Mon frère aîné sera militaire. — Le secrétaire du maire travaille à la mairie. — Le corsaire sortira de la baie de Gascogne. — Un éclair traversa l'air. — Le notaire consulta son vocabulaire. — Le capitaine du navire pêcha une raie. — Je tire une raie avec de la craie. — Le douze mai, l'armée opéra sa retraite. — Le sanctuaire a été profané. — Le dignitaire a une chaîne d'or. — Claire a un scapulaire. — On tire d'une mine le minerai de fer.

26. Idem.

Maman a la migraine. — Amédée sera puni de sa fredaine. — La prairie produira de la graine de foin. — Le libraire tiendra sa librairie ouverte. — Le balai a été démanché. — J'écrirai sur la planche noire avec de la craie. — Le vinaigre sera aigre. — Le glaive de la loi punira le traître. — L'armée a été défaite à Courtrai. — La pairie a été abolie. — Le curé monta en chaire. — J'ai vu un dromadaire. — Le chien aime son maître. — Le vestiaire sera fermé. — Le vicaire sortira du séminaire. — L'étoile polaire brille. — La lune va paraître. — La vache ira paître à la prairie. — Madeleine va traire la chèvre. — Antoine ira faire paître le mouton. — Marie a été distraite, volontaire, étourdie. — Je boirai à la fontaine. — Ajax acheta un vocabulaire. — Antoine monta sur le faîte de sa cabane. — Un lièvre traversa la plaine.

27. Idem.

J'ai fini ma tâche. — Ai-je bien travaillé? — J'aime à faire mon devoir. — Caroline aime sa mère. — Aie soin de la petite Adèle. — Je balaie la cour. — Ma mère paie le propriétaire. — J'aimerai mon bon papa. —

Claire aimera sa mère. — J'ai un joli chien. — J'aiderai mon frère. — Papa paiera le salaire du vigneron. — Je chanterai une jolie chanson. — Je danserai avec Clotilde. — Je partirai à la fin de mai. — Je reviendrai le douze ou le seize juin. — Je planterai un chou. — Je sèmerai du gazon. — J'aiguiserai mon canif. — Je coudrai avec une aiguille. — Je demanderai une aiguillée de laine, de fil, de soie ou de coton pour coudre. — Le vin débouché aigrira. — Je ferai du vinaigre avec le vin aigre. — Je monterai au faîte d'un arbre. — Je partirai pour la fête de mon oncle.

28. è par ay. — é par œ.

Mon père fera venir du vin d'Epernay. — Ma tante partira mercredi pour Epinay. — J'irai à Fontenay la semaine prochaine. — Le maire de Savenay a été destitué.

Œdipe devina une énigme. — Œnobarbus a été le père de Néron. — Mon frère a chanté un air de l'opéra d'Œdipe.

29. Récapitulation : è par ei, ey, ai, ay, œ.

Le treize mai, je partirai avec Madeleine pour Savenay. — Je traverserai l'Aveyron. — Je reviendrai par Epernay. — J'aime la verveine. — Un corsaire a été amené à Jersey. — La Loire traverse la Touraine. — Une reine gouverne l'Espagne. — La petite Adèle a de la peine à obéir. — La conduite du militaire a été téméraire. — L'école primaire touche la mairie. — Je sèmerai de la laitue romaine. — Mon oncle viendra de Leyde pour me voir. — Le Louvre se trouve sur la rive droite de la Seine. — L'opéra d'Œdipe a été joué le seize mai à Epernay. — Madeleine tricote de la laine blanche. — Je chanterai un air. — Je planterai un chêne. — J'achèterai une chaîne de fer pour mon chien. — J'irai faire paître ma vache noire.

30. Idem.

Le propriétaire du domaine d'Epinay a acheté du vinaigre. — Un canal traverse la plaine. — Marie ira à la fontaine. — Ma carafe sera pleine. — L'ermite vivra solitaire. — Je ferai mon devoir ordinaire. — Le curé a lu son bréviaire. — Fanfan barbouilla la table avec de la craie. — Le vicaire a fermé le sanctuaire. — Le notaire fera un acte. — La mitaine de laine de Madeleine a été perdue. — Claire a semé de la graine de marjolaine. — Le poitrinaire boira de la saponaire. — Le ciel sera clair. — La rivière sera claire. — Le libraire a publié un livre. — J'ai perdu une épingle. — J'ai trouvé une aiguille. — Une baleine a échoué sur le sable à Jersey. — Ma peine a été vaine. — J'ai vu un éclair. — J'ai lu l'opéra d'Œdipe. — Je paierai votre salaire.

31. e par eu.

Le feu brûle. — Eulalie travaille peu. — On planta un pieu au milieu de la cour. — Dieu a créé le monde. — Jeudi la forte chaleur a flétri la fleur du tilleul. — Mon filleul demeure à une lieue d'Elbeuf. — Un voleur déroba à un acteur un pantalon neuf. — Ma filleule a un joli chien épagneul. — Caroline a une robe bleue toute neuve. — Sa capote a un ruban bleu. — La couleuvre se cache sous la feuille. — Richelieu domina sur l'Europe. — Adieu, je traverse le fleuve. — Une veuve se remaria avec un veuf. — Un esclave tourna la meule du moulin. — Eustache trouva un cheveu sur sa soupe. — La fureur du peuple se calma. — Marie préfère le jeu à l'étude. — Emilie fera un aveu à sa mère. — Antoine a suivi la meute au lieu de lire. — Ma tante oublia sa douleur. — Regarde la blancheur de la muraille. — Voilà un aveugle.

32. e par œu. — e par ue. — e par œ.

La poule de Cochinchine a pondu un œuf. — Ma sœur fera un vœu. — Antoine conduira son bœuf à l'étable. — Ma mère fera une œuvre de charité. — L'escadre fera une manœuvre pour sortir de la rade de Toulon. Le manœuvre portera du sable. — Mélanie sera sœur de charité. — Son cœur sera pour

Dieu. — Ma sœur cueille une fleur de verveine. — Mon frère a cueilli une prune. — On recueille la fleur de tilleul. — Ma mère cueillera une pêche mûre. — J'ai cueilli une superbe poire. — Mon père a recueilli son ami malade. — La mémoire recueille le souvenir. — Je cueillerai un superbe camélia. — Ma sœur jeta une œillade furtive sur son amie. — Antoine détacha un œilleton de l'arbuste.

33. Récapitulation : e par eu, œu, ue, œ.

L'épagneul de ma sœur a sur la tête une tache couleur de feu. — La veuve du laboureur conduira son bœuf à la foire de Melun. — Jeudi la chaleur a été forte. — Votre petite filleule pleure. — Eulalie a déchiré sa robe neuve. — La meute a poursuivi une louve. — Marie fera cuire un œuf. — On a servi sur la table un rôti de bœuf. — La troupe fera la manœuvre sur l'esplanade. — L'abeille recueille le suc de la fleur. — Le gazon fleuri cache une couleuvre. — La chaleur mûrira le melon. — Le cœur de la fleur cache un insecte. — Le moine sera relevé de son vœu par le pape. — On fera une meule de foin. — Le fleuve débordera si la pluie continue. — Le peuple italien réclama la liberté. — Eustache dira adieu à sa famille. — Dieu punira le parjure. — Mon frère a parcouru l'Europe. — J'ai détaché un œilleton de la plante. — Amélie me jeta une œillade. — La petite fille marche seule.

34. i par y.

J'irai de Cluny à Lyon. — Pygmalion, roi de Tyr, a été un tyran cruel. — Polycarpe a été un martyr. — Il a subi le martyre. — Une voiture va de Bondy à Livry. — Mon cheval a parcouru un myriamètre. — Le curé a lu un chapitre de l'Apocalypse. — On élèvera une pyramide à Marly. — Le vin de Chypre sera salutaire à votre santé. — Un myope a la vue courte. — Je découvrirai le mystère. — J'irai à Yverdun par le Tyrol. — La reine a été la dernière souveraine de sa dynastie. — Votre sœur sera le type de la bonté. — Votre frère sera un pygmée. — La Dyle traverse une contrée fertile. — La feuille de l'yèble a une odeur forte. — Un artiste joua de la lyre.

35. Idem.

Le Tyrolien a fui sa patrie. — Je cherche un synonyme. — Ma sœur Palmyre ira à Neuilly. — Son amie demeure à Clichy. — Il y a un chemin de fer de Lyon à Marseille. — J'ai cueilli une yèble. — On se servira d'un pyromètre à la fonderie. — L'estomac forme le chyle. — J'ai traversé la Dyle avec une yole. — Le Tyrolien chanta une chanson du Tyrol. — Une grande bataille a été livrée à Ivry. — Mon père a acheté du vin de Joigny.

— Le mystère resta caché. — La dynastie sera finie. — Le tyran sera puni. — Le vin de Chypre a été trouvé bon. — L'Apocalypse a été écrite par un apôtre. — Le bloc de marbre noir servira à faire une pyramide.

36. o par au.

Aurélie ira au bal. — Je traversai l'Auvergne au delà d'Aurillac. — Le curé monta à l'autel. — Il prêcha sur l'aumône. — Il parla à son auditoire avec l'autorité du cœur. — L'aubépine fleurira. — Auguste se lèvera à l'aube du jour. — Il partira pour Caudebec. — Augustin aura soin de lui écrire. — Augustine ira d'Autun à Auch. — Un auteur autrichien fera un livre sur l'Autriche. — J'ai vu un automate avec une plume d'autruche sur la tête. — Aurélien ne fera aucun mal à autrui. — J'aurai un cauchemar si je me couche sur le côté gauche. — Une auréole brilla autour de la tête du martyr. — On a cautérisé la plaie. — La chaumière sera couverte de chaume. — Je coupe une autre aune de toile. — La chaudière bouillira. — Le chaudron sera sur le feu. — La soupe sera chaude. — L'aurore paraîtra. — Je ferai un globe de baudruche. — Votre parole sera un baume pour mon cœur. — Voilà un bon augure pour l'avenir.

37. Idem.

On servira une daube. — La fraude sera une grande faute. — Claude a été faible. — Paul coupera une gaule de saule. — Pauline demande une gaufre. — Paulin a lu un psaume. — Le Sauveur a sauvé le monde sur le Calvaire. — La cruauté sera punie. — Je préfère la pauvreté à la vaine gloire. — Laure a la paupière malade. — On lui prescrira de la fleur de mauve avec du sel de Glauber. — Un fléau dévasta Saumur. — On conserve le saumon avec de la saumure. — Une taupe a bouleversé le jardin. — Un vaurien se livre à la débauche. — Un vautour a déchiré une pauvre linote. — Un échaudé sera bon avec de la bière. — Le sauteur a franchi un cheval. — J'ai une douleur à l'épaule gauche. — L'amiral paraîtra au tribunal de l'amirauté. — Paul aura la primauté sur son camarade. — Le gruau te sera salutaire. — J'ai vu un landau jaune. — On a perdu une émeraude. — Pauline joue à la paume avec Augustine. — Le peuple maure gouverna l'Espagne. — La papauté a le pouvoir spirituel. — L'aéronaute sauva sa vie avec un parachute.

38. o par eau.

On fera un batardeau pour retenir l'eau de la rivière. — Un créneau du château a été démoli par la foudre.—Je conduirai mon agneau à la prairie. — Boileau a été un poète. — On me fera cadeau d'un chevreau.—J'ai perdu mon couteau. — Il y a sur le fourneau un fricandeau de veau. — Le corbeau vole. — L'étourneau chante. — Sur la porte du château de Fontainebleau, il y a un chapiteau avec un drapeau tricolore. — J'ai traversé l'eau avec un bateau.— Mon frère jumeau a planté un bouleau sur le coteau.— Ma sœur montera sur un escabeau. — Je devide un écheveau de fil. —Je clouerai un écriteau à la porte du caveau. — J'ai brûlé un copeau.— Le chameau porte un fardeau. — On fera un bordereau.— Le bedeau ouvrira la porte de la sacristie.— J'ai oublié mon chapeau sur votre bureau.— Colin joue un air sur son chalumeau.— Ma sœur a un bandeau sur la joue. — Mon père a tué un blaireau.—La rue sera alignée au cordeau. —Maman a un nouveau chapeau avec un beau ruban bleu.

39. Idem.

J'ai cloué un liteau avec mon marteau. — Martin déchira son manteau. — Moreau conspira contre le consul Bonaparte. — Mon frère a élevé un moineau.—Un ormeau a été planté. —La peau du veau a son utilité.—On servira un perdreau rôti.— Marie a secoué le plateau avec son plumeau.— On ajoutera un poireau au bouillon.— J'ai planté un poteau.— On a cueilli la fleur du sureau.— La petite fille demande un gâteau ou un pruneau.— J'ai traversé l'eau sur un radeau. — Le rideau sera tiré.— On a nivelé la cour du château avec un rouleau.—Tire un seau d'eau.—On rabote un soliveau.— J'ai vu un beau tableau au Louvre.— On a tué un taureau.— Le tourtereau roucoule.— On se servira d'un traîneau. — Le charlatan monta sur un tréteau. — Colin garde son troupeau.—Il y a un trumeau sur ma cheminée. — Le vin de Beaune sera bon.—La vertu sera préférée à la beauté.—Le fat recherche la nouveauté de la mode.— On tire l'épeautre de l'Italie.—Le navire a perdu son beaupré.

40. o par ao. — o par oa. — o par u dans la syllabe um.

La Saône traverse Lyon. — Un convive porta un toast à la gloire de notre armée. — J'ai acheté un album.—Votre frère observe le décorum.— Antoine sera le factotum du château. — Brutus parla au peuple de Rome sur le forum.— On prépare le laudanum avec de l'opium.— Le tribunal fixa le maximum de la peine. — On déterminera le minimum. — On tire le galbanum du suc d'une plante.— Un triumvir gouverna Rome.

41. Récapitulation : o par au, eau, ao, oa, u.

Augustine fera l'aumône à un pauvre.—J'ai

vu au parc de Fontainebleau une aubépine fleurie, un saule pleureur, un bouleau, un sureau. — Le triumvir Octave conserva le pouvoir suprême. — L'eau de la Saône montera au maximum de son niveau. — La récolte de Beaune a été détruite par un ouragan. — Antoine a nivelé la cour avec son râteau. — Dieu punira la cruauté du tyran. — Maître corbeau se percha sur un arbre. — Aurélie a coupé le gâteau avec son couteau. — On sèche la prune pour faire le pruneau. — On a servi sur la table une épaule de mouton, un fricandeau de veau, un perdreau rôti, un gâteau à la confiture. — Tire le rideau. — Regarde le tableau. — Paul a pêché une sole, un saumon, une truite, du goujon. — Une frégate a un beaupré. — Retire la chaudière du fourneau. — Antoine a tué une taupe.

42. Idem.

Auguste fera un rouleau de son manteau. — Un cruel vautour étrangla un pauvre tourtereau. — Un vaurien vola une émeraude. — Le caveau du château sera fermé. — On planta un drapeau sur le chapiteau de la porte. — Une louve déchira un chevreau, dévora un agneau. — L'eau de mauve sera salutaire pour votre paupière malade. — On admire la sobriété du chameau. — La débauche amène lapauvreté. — J'ai trouvé au jardin une taupinière profonde. — La Saône a inondé toute la contrée.— On porta un toast au milieu du festin. — On conserve à Pau une grande écaille de tortue. — Un auteur a publié un livre nouveau sur l'Auvergne. — On pansa la plaie avec du baume.— J'irai de Caudebec à Autun.— Le Danube traverse l'Autriche.— L'aurore colore le coteau. — Une chaumière couverte de chaume a été brûlée par la foudre.— Le chaudron bouillira sur le feu.— Je copie un bordereau sur mon album.

43. u par eu. — ou par aou.

J'ai eu mal à la tête.— Ma sœur a eu peur du chien.— Pauline aura eu une poupée. — J'aurai eu fini mon devoir pour lundi.— Caroline a eu la fièvre.— Un ivrogne se saoule.— Je partirai à la fin d'août. — Un aoûteron travaille à la récolte du blé.— Grégoire se sera saoulé avec de l'eau-de-vie.

44. am par am devant b et p.

On a servi un ambigu. — On tire l'ambre jaune de la Suède.— Le manteau de mon père a de l'ampleur.— J'ai une ampoule au talon.—Voilà un bambin.—Le bambou ploie. —Mon oncle ira à Cambrai. — La campagne sera superbe. — On tire le campêche de Fernambouc.— Ma tante demeure à Chambéry. — Le chambranle de la cheminée de ma chambre a été réparé. — Le vin de Champagne sera expédié. — J'ai trouvé un bon champignon. — Ma sœur a une crampe à la jambe droite. — Voilà un flambeau. — Mon frère fera une gambade.—J'aime le jambon.—Voilà un lambeau de sa robe. — Un lambin se dépêche peu.— La lambourde sera solide.— La lampe éclaire mal.— Le lampion brûle bien. — J'ai pêché une lamproie. — La vigne sera épamprée. — On ôtera le pampre. — J'ai suivi la rampe.— L'armée traversa la Sambre.— Le tambour roule.— On danse au son du tambourin.— Voilà un tampon de coton.— J'ai acheté une estampe. — L'antichambre sera fermée.— Dieu créa Adam. — Dalila livra Samson.

45. an par en.

Je partirai en voiture pour la campagne.— J'ai acheté un tableau à l'encan.— Je le porterai à l'encadreur. — Le château sera vendu à l'enchère. — Voilà un site enchanteur. — Le maréchal acheta une enclume.— Je ferai une encoche ou une entaille avec mon couteau à l'encoignure du salon.—Votre cheval a une jolie encolure. — Je prendrai de l'encre pour écrire.—Le pécheur ira en enfer.—Mon père a une enflure à la jambe.— Ma sœur a la joue enflée.— Paul traversa le salon d'une enjambée.— Le joueur a perdu son enjeu. — L'enjôleur cherche à séduire par sa parole. — Toute enjolivure sera inutile. — L'enluminure a gâté l'estampe.— L'ennui montre le vide de l'âme.— On a suspendu une enseigne sur la porte.— Ma sœur a une entorse.— Antoine fera une ente sur un arbuste.—Voilà une parole à double entente. — La rivière coule à l'entour de la prairie. — L'entournure de la manche sera trop étroite.— On trouve un chêne à l'entrée du parc. — L'entrepreneur du canal sera ruiné.— Ma tante demeure à l'entresol.— J'ai eu un entretien avec votre père.— J'aurai une entrevue avec votre mère. —L'aigle a une grande envergure.—Ma sœur travaille à l'envi avec mon frère.—J'ai envie de courir.— Je ferai un envoi en Italie.

46. Idem.

L'avoine sera une denrée chère.— Le dentiste examinera votre bouche.—Le mur a une fente.— J'aurai fini pour la fête de Pentecôte. —Votre lenteur sera blâmable. — J'ai avalé une lentille. — J'ai demeuré à Mende, chef-lieu de la Lozère.— Le menteur sera puni.— J'ai une entamure au menton.— Je ferai l'aumône à une pauvre mendiante.—La pendule a été montée. — La fleur de la pensée sera jolie. — Votre frère sera un penseur.— La rentrée à la pension se fera vendredi. — Le chemin va en pente.— Mon oncle a une petite rente.—J'ai eu une rencontre.—J'ai rencontré une vieille mendiante aveugle.—La sensibilité véritable éloigne de la sensualité.— La sensitive replie sa feuille. — Toute tentative de révolte sera punie. — Une tente en toile a été tendue. — La tenture du salon a été tachée. — Je partirai le trente avril. — Je serai le trentième. — J'ai parcouru la Vendée. — Le vendeur fera une vente. — Il vendra son blé. — Mon cheval a une plaie au ventre. — Il a perdu sa ventrière.

47. Idem.

Ma parente reviendra de la Charente. — Toute ma parenté demeure à Sens. — Je paie une patente. — La marchande de la rue porte un éventaire. — Votre sœur a eu une pensée utile. — Le repentir a touché son cœur. — Je partirai pour Rouen. — Il fera une dépense inutile. — Il a obtenu une dispense. — Votre parente a perdu le sens de la vue. — La charpente a été brûlée. — Il lâcha la détente de sa carabine. — Je monterai sur la soupente. — J'irai à Tarente en Italie. — La tourmente fera périr le navire. — On paiera une forte amende. — J'ai augmenté la dimension du tableau. — La splendeur du luxe a ébloui l'insensé. — Il a de la propension à mentir. — L'eau froide entoure le serpentin de l'alambic. — Je ferai établir une suspension. — J'ai acheté un ustensile en cuivre. — Le curé portera l'ostensoir. — L'intensité de la chaleur mûrira la récolte. — J'ai lu une aventure singulière. — La pervenche a une jolie fleur bleue. — Je ferai mon inventaire. — Je copierai la nomenclature. — Je tire une ligne perpendiculaire. — L'insensibilité montre un cœur dur. — J'ai parcouru une contrée du septentrion.

48. an par **em** devant **b, p, m.**

Un empereur gouverne un empire. — Je partirai en septembre. — J'emmènerai votre frère. — Je reviendrai en novembre. — Le dindon sera embroché. — Un temple superbe a été bâti. — Mon frère a un emplâtre à la tempe. — Je serai trempé de sueur. — Il faudra remplir la cruche à la fontaine. — Mon père remplira son emploi. — La Loire a une grande embouchure. — Ma sœur tremble de peur. — Votre robe trempe. — Le chien semble malade. — Mon oncle a empoché sa bourse. — J'ai une douleur à un membre. — Je contemple la beauté de la nature. — Le jardin sera embaumé. — Mon père empaillera un aigle. — Votre jeune frère sera un trembleur, un poltron. — L'eau du fleuve a détrempé le plâtre de la muraille.

49. an par **ean.** — an par **aen.** — an par **aon.**

Mon frère Jean ira à Caen en Normandie. — Ma tante demeure à Laon. — Le faon suivra sa mère la biche. — Le paon fera la roue. — Antoine a tiré sur un faon.

50. Récapitulation : an par am, en, em, ean, aen, aon.

J'emmène Jean en voiture à Laon pour y remplir un emploi. — J'aime la couleur de la pervenche. — J'ai eu ma revanche. — Le navire partira pour Tarente. — J'ai rencontré sur la pente de la montagne une vieille mendiante infirme. — On a empaillé un lion pour le faire voir. — J'ai entendu le son d'un tambourin. — J'ai vu courir un faon. — L'embouchure de la rivière sera obstruée par le sable. — Je boirai du Champagne à la campagne. — Mon oncle a vendu sa pendule. — Marie a embroché la volaille. — On a enluminé une gravure. — Le chemin de fer ira de Cambrai à Chambéry. — Votre frère a menti. — Il s'en repentira. — Il paiera une amende. — L'empereur d'Autriche partira pour Milan. — J'emporte un livre pour lire en route. — La voiture a été embourbée. — Ma mère partira en septembre pour Caen. — Enfin Jean a fini sa tâche. — Le pan de ma redingote a été déchiré. — Le paon fera la roue. — Je contemple sa beauté. — Rien n'empêchera mon retour.

51. in par im devant b et p.

Un roi impie pilla le temple de l'Éternel. — Dieu punira l'impiété, l'improbité, l'imposture. — La limpidité de la fontaine invite à boire. — On tendra une toile imperméable pour garantir de la pluie.—En novembre, la route sera devenue impraticable. — J'emploie le verbe au mode impératif. — Une petite fille impertinente, impolie, importante, importune sera détestée.—Votre devoir sera simplifié. — Le père Jean vendra de la bimbeloterie. — Mon frère monte sur l'impériale de la voiture. — Le timbre impérial sera imprimé sur votre diplôme. —Votre cheval gambade.— Le chèvre-feuille grimpe contre le mur du jardin.— L'impunité dure peu.—Je remplirai une timbale d'eau limpide. —Voilà un mystère impénétrable.—J'implore mon pardon.—L'impulsion a été instantanée.—Mon père me mènera voir une imprimerie. — La fraude de l'imposteur sera dévoilée. — L'entrée de la caverne semble impraticable. — L'impureté de l'air altère la santé.— On respire un air impur.

52. in par yn. — in par ym devant b et p.

Le malade éprouva une syncope.—Le tympan de l'oreille vibre par le son.—Un symbole figure une idée.— Le lynx a la vue subtile.— Mon frère étudie la syntaxe latine. — On élira un syndic.

53. in par ain.

Mon frère prendra un bain à la rivière. — Un seigneur châtelain montra du dédain pour son prochain. — On récolte le grain. — On coupera le regain. — J'ai rencontré un Américain, un Africain, un Napolitain avec un Romain. — On tire l'étain de la mine. — Ma sœur coupe le pain pour la soupe.—Je chante un refrain. — Le sacristain entra avec le chapelain. — J'ai vu un dominicain. — J'ai rencontré un vilain nain.— J'ai lu la parabole du Samaritain. — Mon père partira demain pour Louvain.—Un souverain gouverne son empire. — Je vénère la sainteté. — Le train va partir pour Fontainebleau.—Ta mère se plaindra de toi. — Sa plainte sera juste. — Mon père a la crainte de Dieu.— L'air semble malsain.—Le peuple de Dieu traversa le Jourdain. — Un écrivain publia un livre utile.

54. in par aim.

Ma vieille servante file de l'étaim. — Le daim franchira la rivière.—La faim fera sortir le lion de sa retraite.

55. in par ein.

Le peintre a terminé son tableau.— Je ferai teindre une robe.—La teinture sera solide. — On gouverne un cheval avec un frein.—L'armée traversa le Mein. — Pour peindre l'intérieur de la cheminée le peintre prendra du noir de fumée. — Le pauvre devra savoir restreindre sa dépense. — Caroline feindra de dormir.— Mon frère ira éteindre la lampe. —

Le serein nuira à ta santé. —Je ferai repeindre la porte. — La petite fille dormira sur le sein de sa mère. — On prendra une empreinte de la médaille. — Toute feinte sera coupable. — Le criminel enfreindra la loi. — Je saurai astreindre mon élève à m'obéir.—Je lui dépeindrai le mérite de la vertu.—Mon frère étudiera la peinture.—Mon oncle a éreinté son cheval. —Le ruban de ton chapeau déteindra.—Emilie fera reteindre son ruban bleu.

56. in par en.

Un navire partira à la fin de juin pour le Bengale. — Mon frère se prépare pour son examen.— Jacob aima son cher Benjamin.—Ruben épargna son frère. — La crainte de Dieu sera pour toi le meilleur mentor. — Le benjoin a une odeur agréable. — Le nazaréen se consacra à Dieu.—Adam cultiva l'Eden.—Mon père ira au Bengale.— Un Cananéen traversa la Judée.— Un Galiléen demeura à Samarie.— Un Vendéen se révolta.— Un Européen aborda avec son navire au Bengale. — Benjamin subira un examen. — Amédée sera le mentor de son frère.—Adam pécheur a été expulsé de l'Eden.—J'ai acheté du savon parfumé au benjoin.

57. Récapitulation : in par im, yn, ym, ain, aim, ein, en.

Le bon Samaritain sera le symbole de la charité active. — Le chapelain prêcha contre le dédain du prochain. — L'impiété sera contraire à la sainteté. — Le lendemain de la Pentecôte, le peintre partira pour Louvain. — Demain je prendrai un bain de vapeur. — La pluie a rendu la route impraticable. — On se servira du levain pour faire le pain. — La crainte de Dieu détourne du péché. — Mon frère Benjamin a subi un examen public. — Un navire européen partira pour le Bengale. — J'ai un manteau imperméable. — On se servira du benjoin pour la parfumerie. — J'admire votre calme imperturbable. — Votre frère devra restreindre sa dépense. — Emilien grimpa sur l'impériale de la voiture. — On imprime la première épreuve sur une feuille simple. — Un daim a été poursuivi par la meute. — J'ai faim. — On a poursuivi un lynx. — J'éteindrai la lanterne. — Le tympan vibre. — L'imposture sera découverte. — Voilà un nombre impair.

58. on par om devant b et p. — on par aom. — on par um. — un par um. — un par eum.

Une bombe monta, retomba, éclata sur le navire. — Le comble de la gloire finira par la tombe. — On éleva au comte un tombeau de marbre noir.—La branche rompra.—J'ignore le nom du vicomte. — Une trombe s'éleva sur le lac.—Le trompeur sera trompé.—Un taon vole. — La tromperie sera découverte. — La servante remplira sa cruche à la pompe. — Mon frère joue de la trombone. — Mon père tira son tromblon. — Un aigle dévora une pauvre colombe. — Le benjoin a un parfum agréable.—Le pronom a l'emploi du nom. — Le nom suivra le prénom.—Je partirai à jeun. — Le roi Jean mérita le surnom de Bon. — On a réuni la junte en Espagne. — Ma sœur sera au comble du chagrin. — Le globe de la pendule sera bombé. — Le menteur trompe son prochain.

59. oi par oy. — oi par oie. — oi par oê.

Ma mère fera cuire une oie au four. — Je partirai pour Sainte-Foy. — Notre joie sera grande. — Je broie du noir de fumée. — Ma tante a une maladie de foie.—Le tigre dévore sa proie.—Mon oncle emploie toute sa fortune à faire le bien. — On tire la soie du cocon. — Je partirai pour la Savoie. — Martin pêcha une lamproie. — Ma mère garnira le poêle avec du charbon. — Mon père envoie Jean à la campagne.—On emploie l'indigo pour teindre la soie en bleu. — La poêle servira à faire cuire un foie d'oie. — Ma sœur sera au comble de la joie.

60. ui par **uy**. — ian par **iam** devant **b**. — ian par **ien**.
— oin par **ouin**. — oin par **ouen**.

Je partirai pour Le Puy en Auvergne. — Un poëte grec inventa l'iambe. — J'ai parcouru une contrée orientale. — Le Turc porte un costume oriental. — Un chafouin étrangla une poule. — Mon père a du tintouin. — Le Bédouin parle un vrai baragouin. — La Seine baigne Saint-Ouen. — Le marin tua un marsouin. — Le maringouin vole. — Le babouin fera la cabriole.

ORTHOGRAPHE MULTIPLE.

ARTICULATIONS.

On expliquera aux élèves, dans les dictées suivantes, que la même articulation est représentée de diverses manières, suivant les mots devant lesquels elle se trouve.

61. b par **bh**. — d par **dh**. — f par **ph**.

Ma mère abhorre (1) la vanité. — Le mastic adhère à la vitre. — Un phare élevé éclaire l'embouchure du fleuve. — Pharaon persécuta

(1) On devra indiquer qu'il y a deux *r*.

le peuple israélite. — Voilà un phénomène extraordinaire. — Adolphe aime le peuple. — Je partirai pour Philadelphie. — Alphonse sera un phénix. —Adolphe a acheté du phosphore. — La postérité de Japhet peupla l'Europe.—Un prophète parla au roi d'Israel. — La cacographie deviendra inutile.—OEdipe devina l'énigme du sphinx. — Je devinerai un logogriphe. — Un sténographe a une écriture rapide. — Euphémie partira pour la Pologne. —Voilà la fin du paragraphe.

62. Idem.

On a établi un télégraphe sur le chemin de fer. —Voilà un pauvre orphelin. —Votre sœur a triomphé de son caractère. — J'ai admiré un beau tableau de Raphael. — Mon frère étudie la topographie de l'Italie. — Le zéphir tempère la chaleur de l'atmosphère. — On éleva un superbe trophée. —Le séraphin adore Dieu. — Je chanterai la première strophe du psaume.—Une sphère a la forme d'une boule. — J'ai lu la biographie de Napoléon. — Dieu punira le blasphème. — J'ai oublié une apostrophe. — L'atmosphère deviendra froide en octobre. — Delphine a parcouru le Dauphiné. — Mon frère se servira d'un graphomètre.

63. Idem.

La gloire du monde sera éphémère. — J'ai

parcouru le Portugal, contrée limitrophe de l'Espagne. — On grave une épitaphe sur un tombeau. — L'auteur écrira une épigraphe en tête de son livre. — Un navire turc a traversé le Bosphore. — Mon oncle emploie du camphre pour sa maladie. — J'ai acheté à l'encan une amphore en porphyre. — Sophie a un siphon. — J'admire le caractère d'Alphonsine. — J'ai vu un dauphin sur la côte de Bretagne. — Le castor, animal amphibie, construira sa cabane. — Je reviendrai le lendemain de l'Épiphanie. — Samson tua un Philistin. — Pompée a été vaincu à Pharsale.

64. g par gu devant é, e, i. — g par gh.

Je traverserai la rivière à gué. — L'ouragan a renversé une guérite. — Je prendrai un guide. — Le fou ne distingue rien, il divague, il extravague. — La guipure a eu la vogue. — Le criminel mérita la guillotine. — Le tigre ouvre la gueule. — J'ai pêché une anguille. — L'élève conjugue un verbe. — Sophie parle la langue espagnole. — La fatigue te rendra malade. — J'ai entendu un orgue. — Mon collègue me tiendra rigueur. — Voilà une guêpe. — La longueur de la route a diminué ma vigueur. — J'aime une figue bien mûre. — Le malade prendra de l'eau d'Enghien. — Il sera guéri.

65. Idem.

J'irai voir le lac d'Enghien. — Un Espagnol joua de la guitare. — La chaloupe vogue sur la Seine. — Ma sœur porte une guimpe unie. — Le comte a acheté une aiguière guillochée. — J'écrirai sur le guéridon. — Le caporal joue à la drogue avec son camarade. — Une vague renversa le bateau. — Alphonse a acheté une petite seringue en étain. — Adolphe conjuguera le verbe *guérir*. — Une petite guenon se promène avec son maître. — Ma tante a une maladie de langueur. — L'air de la montagne la guérira. — Je suivrai mon guide. — Le droguiste vendra du galbanum, de l'opium, du benjoin.

66. j par g devant é, e, i.

On tire la gélatine de la viande. — Je cultive un beau géranium. — Le gendarme prendra sa giberne. — Je prendrai congé du général. — La bergère conduira son troupeau à la prairie. — Le Tage traverse le Portugal. — La Gironde a une large embouchure. — Un ange guida Tobie. — J'ai mangé une orange. — La giroflée a un parfum agréable. — J'irai de Gentilly à Genève. — Son génie s'éleva à l'apogée. — La lingère soigne la lingerie. — J'ai entendu gémir. — Le liége nage sur l'eau. — Geneviève soignera le ménage. — Une dame étrangère demande une ménagère d'un âge mûr. — Le lièvre sortira du gîte. — J'abhorre le mensonge.

67. Idem.

Votre fille sera une géante. — Leur famille sera gênée. — Son bagage sera chargé sur la voiture. — Le juge exige une réponse franche. — Voilà un vrai prodige. — La vendange sera abondante. — Le préjugé sera vaincu. — Je joue au gage touché. — Mange ton potage. — Il fléchira le genou. — L'armée fera le siége de Sébastopol. — J'ai mal à la gorge. — J'étudie la géographie. — Adèle distingue à peine le genre masculin du genre féminin. — L'orateur fera un geste. — Votre gestion devra être claire. — J'ai vu une grande girafe. — On pêcha une gymnote. — Mon avantage sera sûr. — Il a du courage. — Voilà du gingembre. — L'ombrage sera agréable. — Le germe gonflera. — Le girofle a une odeur forte. — La tige s'élève.

68. j par ge devant a, o, u.

Adèle a eu la rougeole. — Adolphe a tué un geai. — On conduira le voleur à la geole. — Mon père engagea son ami à faire avec lui une gageure. — On a coupé une nageoire à l'esturgeon. — Le badigeon de la muraille sera jaune. — L'esturgeon fera un plongeon. —

Le pigeon mangea à sa mangeoire. — Le tyran se vengea d'une injure. — Je songeai à partir. — Paul nagea au milieu du lac. — Ma sœur rangea son ouvrage. — Antoine a coupé un sauvageon. — Le tribunal jugea un coupable. — Ma mère obligea Adolphe a répondre. — Le bourgeon gonflera. — Je prendrai mon bougeoir. — Le chien rongea sa chaîne.

69. c par k. — c par ck.

Le Turc observe la loi du Koran. — On tire du kermès une teinture rouge. — Adolphe a acheté un kaléidoscope. — J'ai parcouru un kilomètre à la course. — On fera venir du nankin de l'Inde. — On brûle du coke. — J'aime le café de Moka. — Mon oncle acheta du vin de Tokai. — On chantera le Kyrié. — J'ai trouvé un kreutzer. — Amédée étudie un ouvrage de Képler sur l'astronomie. — Un pauvre serf a subi la peine du knout. — On trouve le karabé ou ambre jaune sur le rivage de la mer. — On emploie le kaolin pour la poterie. — J'ai lu un livre nouveau sur Pékin, capitale de la Chine. — Le gouverneur de Moscou brûla le Kremlin. — Le chirurgien opéra un kyste. — J'irai à Kœnisberg.

On tire l'arack du sucre. — Ivan gagna un kopeck. — Mon oncle demeure à Yorck. — Je partirai pour Leipsick. — Un brick sortira de la rade de Toulon.

70. c par q. — c par qu. — c par cqu.

Le coq chanta. — Je me promène sur le quai. — Paul coupa la queue à son chien. — Je répondrai à votre question. — Geneviève file avec une quenouille. — L'Indien se promène en palanquin. — Je mangerai un œuf à la coque. — J'ai trouvé sur le rivage un beau coquillage. — Je prendrai du vin de quinquina qui fortifiera ma santé. — On fabrique le marasquin à Zara. — J'ai vu un tableau magnifique. — Je déteste un taquin, un moqueur. — Je demande à Dieu mon pain quotidien. — Pauline a déchiré son brodequin. — Le juge a une toque. — L'armée fera la conquête de l'Afrique. — Le tribunal répondra à votre requête. — Sophie fera une piqûre à son col.

Il faudra acquérir l'estime par ta conduite. — Le serin a becqueté le sucre.

71. c par ch. — c par cch.

Le Christ a sauvé le monde. — Le christianisme se propagea en Europe à la chute de l'empire romain. — Le vrai chrétien adore Dieu, aime son prochain, évite le mal, pratique le bien. — Le pape a le pouvoir spirituel sur toute la chrétienté. — La postérité de Cham peupla l'Afrique. — J'étudierai la chronologie. — Le capitaine marin consulte son chronomètre. — J'ai lu une vieille chronique sur Charlemagne. — L'orchestre joua l'ouverture de *Zampa*, ensuite on chanta un chœur de *la Dame Blanche*. — Je ferai chorus. — J'ai acheté du chlore, du chlorure d'or, du jaune de chrome. — Christophe viendra me voir. — Un archonte gouverna avec fermeté.

L'antiquité adora Bacchus, dieu du vin. — On institua une bacchanale, fête de Bacchus.

72. r par rh.

L'armée de Napoléon traversa le Rhin. — Le Rhône traverse le lac de Genève. — J'ai gagné un rhume de poitrine à la promenade. — Je prendrai de la rhubarbe en poudre. — On fabrique le rhum avec du sucre. — J'ai été guéri d'un rhumatisme par un bain de vapeur. — Mon frère étudie la rhétorique. — Un rhéteur monta à la tribune sur le Forum. — Voilà un rhombe, figure de géométrie. — Mon père cultive un superbe rhododendron. — Le tailleur fera un rhabillage à ma redingote. — Je me rhabillerai pour sortir.

73. s par c devant é, e, i.

On tire la cire de la ruche. — Ceci sera utile. — Cela reste encore à faire. — Je regarde le ciel. — Je boirai du cidre de Normandie. — Je trace la circonférence d'un cercle. — On plantera ici un cèdre. — Je me place au centre. — Célestine se balance. — Reste à ta place. — Ce vin te fera faire la grimace. — Je me regarde à la glace. — Le pape réunira un concile. — Un Père capucin prêcha sur la providence divine. — Le prince a parcouru la province. — J'admire le beau ciel de la Provence. — J'ai acheté une once de rhubarbe. — Le prince recevra le nonce du pape. — On enlève l'écorce du chêne pour faire le tan. — Mon ouvrage avance. — Je lance une flèche. — Ma sœur lace son brodequin. — Je recevrai du vin de Beaune.

74. s par ç devant a, o, u.

Le maçon répara la façade du château. — J'ai reçu du cidre de Normandie. — Je saurai ma leçon. — Ce malin garçon pinça sa sœur, la piqua avec un poinçon. — Il sera puni d'une sévère façon. — J'irai à Alençon, à Briançon. — J'ai conçu un soupçon. — J'ai aperçu un limaçon sur le gazon. — On réclama une forte rançon pour Jean-le-Bon. — J'ai vu un énorme glaçon sur le canal. — Caroline se balança sur la balançoire. — Le juge prononça la sentence. — Le général s'avança, il se plaça à la tête de l'armée. — Antoine rinça une bouteille, il jeta la rinçure. — Marie a une gerçure a la main. — Mon caleçon a une déchirure. — On te délivrera un reçu. — Votre espoir sera déçu.

75. s par sc devant é, e, i.

Je scie un bloc d'acajou. — Je recueille la sciure. — L'acteur paraîtra sur la scène. — L'étude amène à la science. — Écoute ta conscience. — J'ai lu un ouvrage scientifique. — Je reviendrai pour la fête de l'Ascension. — Respecte la discipline. — Le roi prendra le sceptre. — Je porte une fascine sur mon épaule. — Un ange troubla l'eau de la piscine de Siloé. — Le sceptique doute de la vérité. — On adoucira la rapidité de la descente. — Je descendrai de cheval. — J'ai formé un faisceau. — Le malade entre en convalescence. — L'adolescence suivra l'enfance. — Dieu suscita un prophète en Israel. — Le boa fascine le volatile. — Votre caractère irascible sera peu aimé.

76. s par t devant ia, ié, ie, ion, ien, ieux, x étant muet.

Le juge évitera la partialité ; il sera impartial. — Une grande prospérité amène la satiété. — Ce jeune garçon balbutie à peine. — Le règne de ce souverain fera la gloire de la nation. — Votre mère a une véritable dévotion. — Il exerça ma patience. — Votre sœur sera impatiente. — Dieu punira l'ambitieux. — Domitien, empereur cruel, régna à Rome ainsi que Dioclétien. — J'aime une conversation instructive. — Un roi capétien monta sur le trône de France. — Je prendrai l'initiative. — Ce général a un air martial. — On respire en ce lieu un air pestilentiel. — Un juif fera demain son abjuration. — La condition sera remplie. — J'ai entendu une prédication remarquable. — L'éducation réforme le caractère. — Votre sœur a un air bien prétentieux. — Je serai initié à ce mystère. — Il domina son émotion. — L'auteur de ce livre a une grande réputation. — Je ferai la répétition de ce duo. — Il resta en contemplation. — Calme ton impatience. — On réprima la sédition. — Un cri séditieux a été proféré. — L'avare a une soif insatiable de l'or. — Le canon fera une détonation. — Je prendrai une précaution. — Un roi égyptien persécuta le peuple israélite.

77. t par th.

Théophile ira au théâtre. — Catherine remplira la théière. — Dorothée prendra du thé avec Mathilde. — Bathilde a une améthyste montée en bague. — Il y a au jardin du thym, de l'absinthe, un thlaspi. — La mouche cantharide se trouve sur le frêne. — J'ai parcouru un vaste labyrinthe. — On pêche le thon sur la côte de Provence. — On a bâti à Cologne une superbe cathédrale gothique. — L'apothicaire a vendu de la thériaque à Mathurin. — Je suivrai votre méthode pour l'orthographe.

— La théorie suivra la pratique. — Le thermomètre indique le degré de chaleur.—Théophile fera un thême. — Théodore étudiera la théologie. — J'ai de l'antipathie pour la mythologie.—Votre frère a de la sympathie pour moi.— Un jeune garçon tua le géant Goliath. — Montre l'isthme de Corinthe sur la carte.

78. z par s entre deux voyelles.

La rose a un parfum agréable. — Le pauvre orphelin chercha un asile. — Je sortirai de la maison. — La misère a été grande. — J'ai reçu une visite. — Écoute la raison. — Mon cousin viendra me voir avec ma cousine. — J'irai dimanche à l'église. — L'oiseau vole. — Évite la ruse. — La saison sera froide.—La guérison du malade sera certaine. — Louise s'amuse avec Rosalie. — La transition paraîtra brusque. — Votre cousine aime la plaisanterie. — On conduira le voleur en prison. — La chose a une cause. — La garnison renonça à sa position. — J'étudie la conjugaison anglaise. — On posera une boiserie avec mon autorisation. — On posa la statue sur sa base. — J'éviterai le voisinage du chemin de fer. — Ce poison sera mortel. — Sa chevelure frise.

79. s par ss entre deux voyelles.

Ce beau cheval deviendra une rosse. — Il faudra que je fasse venir du cuir de Russie.—

Je m'assiérai sur un coussin. — Je pêche du poisson. — On fera la moisson. — Le brasseur brasse la bière à la brasserie. — J'entendrai la messe. — La mousse pousse sur l'arbre. — L'obéissance sera nécessaire. — La mendiante remplira son bissac. — Il faudra vaincre la passion par la sagesse. — J'étudie ce passage. — Il faudra que je fasse un nouvel essai. — J'embrasse mon père. — Sa mère lui fera une caresse avec tendresse. — J'ai reçu une blessure. — Evite la paresse. — Je déteste la fausseté. — Le bassin sera plein. — Je franchirai ce fossé. — Je me chausse. — Il se déchaussa. — Caroline a froissé ce ruban. — J'endosserai mon manteau. — Je prendrai une tasse de café. — Je casse du sucre.

80. ch par sch.

Le schisme grec divise l'Église. — On brûle du schiste pour l'éclairage. — Un prêtre schismatique disputa avec un évêque catholique. — Un schérif ou prince arabe viendra de l'Algérie en France. — Je brosse la schabraque de mon cheval. — Un scheik sortira de la mosquée. — Mon père fera cadeau à ma mère d'un schall (1) de cachemire.

81. ill par il à la fin des mots.

On a planté de l'ail. — Mon père a passé un

(1) On devra indiquer qu'il y a deux *l*.

bail pour sa maison. — L'évêque porte un camail. — Le soleil brille. — Je passe le seuil de la porte. — Le fenouil a une odeur forte. — J'ai reçu un bon conseil d'un vieil ami. — Le gouvernail du navire a été brisé. — L'écureuil saute de branche en branche. — Ce cheval a le poitrail large. — Je m'assiérai sur un fauteuil. — Le portail restera fermé. — Un rail a été dérangé. — J'ai mal à l'orteil. — Le bétail rentre au bercail. — Ouvre ton œil. — Son orgueil sera abaissé. — Le vaisseau a évité un écueil. — J'irai à Corbeil, à Auteuil, à Argenteuil, à Arcueil. — Antoine a fermé le soupirail de la cave. — Madame prendra son éventail. — On pêche le corail sur la côte d'Afrique. — Une dame en deuil a suivi le cercueil.

82. x par cc devant é, e, i.

J'accède à votre désir. — J'accepterai votre proposition. — Notre marche sera accélérée. — Il a oublié l'accentuation. — La vaccine garantira de la petite vérole. — On prendra le vaccin sur une vache. — L'orateur accentue sa parole. — La côte occidentale a été dévastée par une tempête. — J'ai reçu une contusion à la partie occipitale de la tête. — J'ai reçu votre acceptation. — Numa Pompilius succéda à Romulus. — Je succéderai à mon père. — L'accélération de la maladie a été rapide. — Le succin ou ambre jaune a une odeur agréable. — On a guéri la plaie par la succion. — Votre frère accéda à ma demande. — Paul a renoncé à la succession de son oncle. — J'aurai un successeur. — J'accepte votre invitation. — Dieu a établi un ordre successif. — Voilà un phénomène accidentel.

83 x par ct devant ion, ieu.

J'admire votre action. — Je répondrai à une objection. — Je tire de cela une déduction. — Catherine fera une décoction de guimauve. — La fable repose sur une fiction. — Je trouve pour reste de la division une fraction. — Chacun remplira sa fonction. — L'inspecteur fera son inspection. — Je serai chargé de la direction de ce travail. — On a publié une prédiction. — On travaille à l'extraction du charbon. — On a opéré la réduction de la rente. — Chacun devra tendre à la perfection. — Une foule factieuse s'agita. — Le militaire fera sa faction. — On devra craindre une réaction. — Il a travaillé avec distraction. — J'ai une prédilection pour toi. — Alfred finira sa rédaction.

84. x par xh.

J'exhorte mon élève à remplir son devoir. — On exhuma un cadavre. — Une exhalaison fétide se répandra au loin. — On fera demain l'exhumation du cercueil. — La rose exhale un parfum suave. — Votre sœur a écouté mon exhortation. — On fera l'exhibition publique de ce tableau. — Mon frère exhiba son diplôme de docteur en médecine. — Le tribunal prononça l'exhérédation. — Une exhalaison sulfureuse a suivi l'orage.

85. h muette.

J'admire votre habileté. — Notre habitation sera gaie. — Renonce à ton habitude de mentir. — Il a couru à perdre haleine. — Le poisson a mordu à l'hameçon. — J'aime une douce harmonie. — Ce garçon semble hébété. — J'étudie l'hébreu. — Ce jardin a un hectare. — J'ai vendu un hectolitre de blé. — Hélas! l'étourderie d'Hélène me désole. — J'ai visité l'Helvétie. — Ce vaisseau a parcouru l'hémisphère méridional. — Je cueille de l'herbe pour mon herbier. — J'herborise pour l'herboriste. — J'ai vu une statue d'Hercule. — L'héritage de votre oncle sera considérable. — On extirpa l'hérésie albigeoise. — Ce prince porte un manteau doublé d'hermine. — Hérode régna sur la Judée. — L'hésitation sera dangereuse. — L'heure viendra. — J'étudie l'histoire. — L'hiver sera rude. — J'aime son hilarité. — L'hidalgo sera fier. — L'hiéroglyphe sera peu facile à comprendre. — Il faudra être habile pour le lire. — Ce sera mon travail habituel.

86. Idem.

Dieu accepta l'holocauste de Salomon. — Homère a été un célèbre poëte grec.— La loi punira l'homicide. — Votre procédé sera honorable. — Le pauvre malade ira à l'hôpital. — L'orphelin sera reçu à l'hospice.— Le soleil éclaire l'horizon. — Hortense cultive un hortensia. — Je descendrai à l'hôtel du Louvre.—L'hôte me fera conduire à ma chambre. — Je peindrai à l'huile. — L'huître ouvre sa coquille. — L'humanité ne sera régénérée que par le christianisme pratiqué. — L'humidité te sera nuisible. — L'orgueil sera puni par l'humiliation.—L'humilité ouvre le Ciel. — L'humeur gaie indique une conscience pure. — On emploie le gaz hydrogène pour l'éclairage. — J'ai dû partir hier. — On cherche un remède contre l'hydrophobie ou la rage. — L'hydropisie consiste en une enflure. — J'observe l'hygiène pour prévenir la maladie. — L'horloge marque midi. — L'hypocrite sera démasqué. — L'hypocrisie sera punie. — Je cultive l'hysope. — On prendra une hypothèque sur sa maison. — L'hyperbole, figure de rhétorique, consiste en une exagération.

87. h aspirée.

La hache servira à fendre la planche. —

Le hâbleur sera méprisé. — On a tondu la haie de charmille. — On jeta un haillon. — La haine indique un cœur vindicatif. — Le moine porte la haire. — Son visage sera halé. — La caravane fera une halte. — Le marin a suspendu son hamac. — Le hameau a été incendié. — J'ai une douleur à la hanche. — On a fermé le hangar. — L'armée française a envahi le Hanovre. — Le maire prononça une harangue. — J'ai été harassé de fatigue. J'ai été harcelé par un importun. — Votre hardiesse sera réprimée. — Ma sœur joue de la harpe. — Le marin lança un harpon sur une baleine. — Je me hasarderai à courir. — Je viendrai en toute hâte. — Je mesurerai la hauteur de la tour. — J'ai prévu la hausse de la marchandise. — La montagne semble haute. — Ce jeune garçon semble déhanché.

88. Idem.

Le prince russe a l'air hautain. — La mer de la Manche baigne le Havre. — J'ai lu *la Henriade*. — Le hérisson se roule en boule. — On a tué un héron. — On emploie la herse pour l'agriculture. — On a coupé un hêtre. — J'ai heurté la table. — Le hibou se cache. — J'ai remarqué une figure hideuse. — L'Église a une hiérarchie. — La Hongrie se révolta pour conquérir la liberté. — Une horde sauvage a envahi la contrée. — La honte sera votre punition. — On cultive le houblon en

Flandre. — On extraira la houille. — J'ai houspillé ce chien avec une houssine. — La housse de mon fauteuil a été enlevée. — Catherine tira la pâte de la huche. — La foule poussa une huée. — On hua l'orateur. — On a farci une hure. — Le marin monta à la hune. — Je passerai une huitaine à la campagne.

89. y employé pour deux i.

On expliquera, en décomposant les syllabes, comment dans les mots suivants, *y* représente deux *i*.

Un paysan a inventé un nouveau moyen pour le labourage. — La voiture a de la boue jusqu'au moyeu de la roue. — Un rayon de soleil perce le nuage. — La loyauté sera estimée. — Votre conduite sera loyale. — On proclama la royauté. — La féodalité diminua le pouvoir royal. — Je dessine un paysage. — Je bêche avec un hoyau. — Le navire est destiné pour Ceylan. — Le voyageur a terminé son voyage. — On a servi un aloyau. — On démonte le tuyau du poêle. — La bruyère pousse au milieu du sable. — Je garde ma croyance. — J'ai cassé un noyau de pêche. — Catherine a balayé sa cuisine. — J'ai envoyé le domestique à la poste. — J'ai essayé une plume. — J'ai essuyé une averse. — J'ai délayé du carmin. — On a noyé un pauvre chien. — On a bâti un mur mitoyen. — Un citoyen a été récompensé. —

Le doyen de la magistrature sera honoré. — J'ai parcouru le royaume de Belgique.

90. Tréma sur i, u, e.

On expliquera que le tréma fait prononcer la seconde voyelle sur laquelle on le place, séparément de la première.

Moïse délivra le peuple d'Israel. — Samuel sacra Saül. — Jacob a été préféré à Ésaü. — Le Christ ressuscita la fille de Jaïr. — Josué marcha contre Haï. — Héloïse ira voir Anaïs. — Adélaïde respecte son aïeul. — La vache mange la ciguë. — Chacun devra haïr le péché. — On fabrique de la faïence à Corbeil. — Le païen ignore le vrai Dieu. — L'égoïsme a perverti la société. — J'aime la naïveté de l'enfance. — Un caractère naïf indique la pureté de l'âme. — Le stoïcisme a été un système de philosophie grecque. — On peindra le salon en camaïeu. — On admira l'héroïsme du vainqueur. — Antoine a détaché un caïeu de tulipe. — Joïada éleva Joas au trône. — Le glaïeul a une jolie fleur bleue. — Un empereur nègre gouverne l'île d'Haïti. — On tire le véritable rhum de la Jamaïque. — Un laïque visita le monastère. — J'ai vu une superbe mosaïque antique. — Voilà une pointe aiguë. — Votre portion sera exiguë. — Ce poète a composé une héroïde sur une héroïne. — On cultive en France le maïs ou blé de Turquie.

TROISIÈME PARTIE.

CONSONNES MUETTES.

On fera remarquer aux élèves que parmi les mots qui se trouvent dans les dictées suivantes, il en est plusieurs dont la consonne muette finale est indiquée par les mots dérivés, comme :

Plomb, dont on forme : plombé, plombier, plombagine ;
Laid, — — laide, laideur, enlaidir ;
Lait, — — laitière, laiterie ;
Poing, — — poignée, poignard, empoigner, etc.

91. b muet. — c muet. — d muet.

On tire le plomb de la mine. — L'Amérique a été découverte par Christophe Colomb. — On a posé la statue d'aplomb.

La fumée du tabac nuira à son estomac. — On peindra ce banc en blanc. — On a engraissé un porc. — J'aime un caractère franc. — Ce cheval a été blessé au flanc. — Mon cousin est clerc de notaire.

On a saisi un brigand. — On punira ce grand gourmand. — Armand se disputa avec

Ferdinand. — L'oiseau fera son nid. — Le cerf fera un bond. — Il fera chaud quand je reviendrai.—Richard joue au colin-maillard. — On planta un étendard. — Bernard habite Vaugirard. — Je ferai un nœud à ma cravate. — Le convoi sera en retard. — Le lézard se cache. — Le soleil dissipe le brouillard. — Le canard crie. — J'ai mangé du homard. — J'ai ramassé un gland. — Ce marchand normand a l'air goguenard. — J'ai rencontré par hasard un hussard. — Le gond de la porte a besoin d'huile. — Ce fardeau semble lourd. — Le renard a étranglé un coq. — Ce vieillard deviendra sourd. — Votre cousine a un ton mignard. — Je joue au billard. — On portera un brancard. — Il me jeta un regard. — Je lirai au fond de sa pensée. — Le pied me fera mal.

92. f muet. — g muet. — l muet. — n muet.

J'ai perdu ma clef. — Voilà un vrai chef-d'œuvre. — J'ai acheté un nerf-de-bœuf.

Je ferai cuire un coing. — Je partirai pour Strasbourg.—J'habite le faubourg.—Je couperai un carton oblong. — Le chemin semble long. — Cela coûte une livre sterling. — Ce hareng sera salé. — Il me montra le poing. — Il y a un orang-outang à la ménagerie. — On lui tira du sang. — Je pêche au bord d'un étang. — Le maçon a élevé un mur en parpaing. — Je garderai mon rang. — Ce navire partira pour Hambourg. — Votre seing sera peu lisible.

Mon père fronça le sourcil. — Votre frère sera gentil. — Ce coutil sera solide. — Je cueille du persil. — Mon oncle chargea son fusil. — Il aiguise son outil. — Votre fils partira demain.

Il ira à Pau en Béarn.

93. p muet. — r muet.

J'ai tiré un coup de fusil sur un loup. — Paul parle beaucoup trop. — J'ai couru au camp au galop. — Je prendrai du sirop pour le rhume. — Sa promptitude a été remarquable il a un symptôme de fièvre. — Jean-Baptiste baptisa Jésus-Christ au bord du Jourdain. — Celui qui sera septième sera exempté de faire ce travail. — Le pharmacien prépare du sparadrap.

Le drapier vendra du drap. — Il a au jardin un prunier, un amandier, un cerisier, un abricotier, un poirier, un groseillier, un châtaignier, un cognassier. — J'ai fini mon cahier. — Le joaillier a vendu un bijou, le coutelier un couteau, le quincaillier un balai, l'épicier du sucre, le boucher de la viande, le boulanger du pain. — Mon déjeuner sera préparé. — Ce fardeau sera léger. — J'ai acheté un saladier. — Il a vendu son mobilier. — Mon père a payé son loyer. — Le voiturier partira pour Guingamp. — Le banquier s'établira à Fécamp. — Le cocher me conduira à Longchamp.

94. s muet.

Je ferai un amas. — J'avance le bras. — J'ouvre mon compas. — La foudre tombe avec fracas. — Le chasselas sera mûr. — J'ai acheté du jaconas. — J'aiguise mon coutelas. — Je ferai un bon repas avec du cervelas. — Mon père a gagné son procès. — Le succès suivra le progrès. — Le chirurgien perça un abcès. — Antoine plante un cyprès. — Paul a été malade après le décès de sa sœur. — Le loup a mangé la brebis d'Alexis. — J'ai cassé un châssis. — J'ai bu du cassis. — J'ai reçu un avis par un exprès. — Le coloris de ce tableau sera beau. — J'ai fini le croquis. — J'ai compris que le coulis sera exquis. — Depuis hier je reste indécis de savoir si j'irai à Paris avec le marquis Louis. — L'entrée du paradis ne sera pas facile au riche. — Le pauvre ne possède rien hormis l'espérance. — La souris a rongé le tapis. — Le curé a un surplis. — Voilà du vernis. — On redoute le mépris. — Dieu tira le monde du chaos. — Le héros triompha. — J'ai besoin de repos. — Alphonse sera dispos. — L'enclos sera clos d'une haie. — On réforma un abus. — Je prendrai le dessus. — On exprime le jus du verjus. — Je ferai le surplus demain. —

Il travaille plus que toi. — J'ai éprouvé un refus. — Jésus-Christ a sauvé le monde.

95. Idem.

Une souris a couru sous l'armoire. — J'entrai dans Châlons. — On brûle de l'encens. — Il marche à reculons. — J'aurais recours à Dieu. — J'implore son secours. — Il se présenta au concours. — On prononça un discours. — Je penserai toujours à toi. — J'irai de Tours à Orléans. — J'ai habité Blois. — Voilà un bourgeois qui a un air sournois. — Ce Polonais parle bien français. — Je ne t'oublierai jamais. — Je scie du bois. — J'irai de Plombières à Mézières. — On a mal agi envers toi. — Il partira pour Anvers. — J'ai mangé le tiers du gâteau. — Caroline a couru vers moi. — Je marche moins bien que toi, néanmoins je te suivrai. — Va dehors. — Mène le cheval hors de l'écurie. — Ote-lui le mors. — Ramasse le foin épars dans la prairie. — J'ai suivi un cours de physique. — Je trace un angle obtus. — La pluie a dégradé le talus. — Paul a agi en tapinois. — Ce paysan parle patois. — Le prince a un manteau de velours. — Le brave chevalier Dunois remporta une victoire sur un général anglais.

96. t muet.

L'assemblée législative a voté le budget. —

Un chat a saisi un rat. — Amédée étudie l'alphabet. — Il a de l'esprit. — Alphonse sera discret. — Il gardera le secret. — La nuit s'avance. — L'équipage a eu le scorbut. — Ce fabricant gagnera de l'argent. — On paya le tribut. — Je partirai bientôt. — A chacun son lot. — Un sot trouve toujours un plus sot qui l'admire. — Paul choisira l'état d'avocat. — Je ferai cuire un beignet. — Le gigot sera cuit à point. — J'ai cueilli un abricot. — Voilà le bout du jardin. — Un combat naval a été livré. — Cet enfant a été indolent et méchant. — Mon cheval va au trot et au galop. — On a établi un impôt. — Je ferai un bouquet avec une rose, un œillet, un bluet. — Le profit sur votre achat sera petit. — J'ai de l'ascendant sur cet enfant. — Je sortirai avant minuit. — J'ai semé un haricot. — Le matelot s'embarqua sur un paquebot. — Dorénavant cet enfant sera plus diligent et moins extravagant. — Il deviendra plus savant quand il sera moins insouciant.

97. Idem.

Saint Louis régna avec sagesse. — Je reviendrai à la Toussaint. — Le pont sera étroit. — Le navire passa le détroit de Gibraltar. — Le chat grimpa sur le toit. — Voilà un surcroît de bonheur. — Robert fera faire son portrait. — Marie Stuart régna en Écosse. — Benoît prendra son passe-port. — Il viendra me voir avant son départ. — Il prendra le chemin le plus court. — J'ai assisté à un concert. — Le dessert sera servi. — J'ai entendu un son discordant. — Ce jeune adolescent manqua de respect. — L'adjoint remplaça le maire absent. — J'ai reçu un grand bienfait. — Je ne serai pas ingrat. — Ce diamant a beaucoup d'éclat. — L'éléphant marche lourdement. — Je mange souvent du fruit. — On fera un nouvel emprunt. — J'ai vu à Saint-Cloud un beau jet-d'eau. — J'ai cueilli un bouquet de muguet. — Cet enfant a trop d'embonpoint. — Je serai plus circonspect. — Voilà ta part. — Il a un triste sort. — Ton souhait a été réalisé. — La caravane a traversé le désert.

98. x muet. — z muet.

Le faix que porte ce portefaix semble très-lourd. — Un navire de Morlaix entra dans le port de Bordeaux. — J'ai parcouru le pays de Caux. — On fauche le foin avec une faux. — J'irai à Meaux, puis à Sceaux. — On fixera le taux de l'intérêt. — Heureux celui qui a la paix de l'âme et qui écoute la voix de sa conscience! — Un époux jaloux sera malheureux. — Il n'y a ni flux ni reflux dans la mer Baltique. — Je prie au pied de la croix. — Je porte un crucifix. — J'habite le rez-de-chaussée. — J'irai chez lui avant mon départ pour Roubaix. — L'ambitieux ne sera jamais assez riche. — La toux me fatigue. — Le houx a la feuille luisante et piquante. — Le prix semble élevé. — J'ai élevé une perdrix. — J'aime le riz au lait. — Je trouve le vin mousseux délicieux. — Cela exige un soin minutieux. — Je n'aime pas un enfant malicieux ni trop silencieux. — Alphonse a le nez trop court.

99. Deux consonnes finales muettes.

ch. — J'ai acheté un almanach de cabinet.
ct. — L'amict se place sous la chasuble.
ds. — Ce fardeau a un poids énorme. — Ce marchand désire vendre son fonds. — Le remords déchire l'âme du coupable.
gs. — Mon oncle a laissé un legs à son vieux domestique.
gt. — J'ai compté jusqu'à vingt avec mon doigt.
ld. — J'ai passé par Sainte-Ménéhould.
ls. — Votre pouls semble faible.
ps. — Le temps a été froid et humide pendant le printemps dernier. — Le corps a été déposé dans le tombeau.
pt. — Jusqu'à présent j'ai été exempt de toute infirmité.
rs. — J'irai volontiers à Angers. — Ce négociant écrira à Louviers, à Verviers et à Pithiviers.
th. — On parla dans l'histoire d'un Goth, d'un Visigoth et d'un Ostrogoth.

QUATRIÈME PARTIE.

CONSONNES DOUBLES.

On fera remarquer aux élèves dans les dictées suivantes :

1° Que les consonnes qui sont doublées dans l'intérieur de certains mots, sont :

$b, c, d, f, g, l, m, n, p, r, s, t$;

2° Que celles qui ne sont jamais doublées, sont :

h, j, k, q, v, x, z, ainsi que *ch, ill, gn*.

100. bb. — cc. — dd.

Mon frère se prépare pour l'examen du baccalauréat. — Je ferai une addition. — L'abbé lira son bréviaire. — Le rabbin enseigne dans la synagogue. — Dieu institua le sabbat. — L'occasion se présenta. — J'ai un muscle adducteur foulé. — On fabrique du cristal à Baccarat. — J'ai eu une grande occupation. — Dagobert fonda l'abbaye de Saint-Denis. — L'abbesse rentra dans le cloître. — Caroline chanta avec accompagnement de piano. — On te fera bon accueil. — L'accordeur viendra demain et il accordera ton piano. — Un accapareur a enlevé tout le blé de la contrée. — Votre peccadille sera excusée. — Il y a eu un raccommodement entre Caroline et sa cousine. — La reddition de la forteresse semble prochaine. — Il y a un gibbon dans la ménagerie.

101. ff. — gg.

Cette affaire produira un mauvais effet. — Sa santé semble s'affaiblir. — La vôtre semble se raffermir. — Voilà une affreuse difformité. — Il faudra affranchir ce paquet. — Un caractère affable mérite l'affection. — Une pauvre souris tomba sous la griffe d'un chat affamé. — Il y a une aggravation dans la maladie. — Le diffamateur sera méprisé. — Je tâche d'adoucir son affliction et sa souffrance. — Votre visage semble bouffi. — Abel présenta son offrande à Dieu. — Je doute de l'efficacité de ce moyen. — Je vaincrai la difficulté. — Il se précipita dans le gouffre. — Le greffier assista au procès. — On critique votre coiffure. — J'admire le tableau de la peste de Jaffa. — J'ai visité une raffinerie de sucre. — Voilà un raffinement de gourmandise. — Je vous offre ce livre. — Il y a dans Paris une trop grande agglomération. — J'ouvrirai votre coffre avec ma clef. — En effet, j'ai réussi. — J'ai oublié cette offense. — Votre souvenir sera ineffaçable. — J'ai éprouvé une suffocation. — Le poêle semble trop chauffé.

102. ll.

Voici une belle salle. — Je préfère celle que j'ai vue hier. — Ma mère a reçu un beau schall. — Elle a acheté de la dentelle. — Elle en fera cadeau à ma tante. — Je ferai ma malle, et je partirai pour l'Allemagne. — J'étudie l'allemand. — La France fera une alliance avec l'Espagne. — Le collet de ma redingote a été brossé. — La selle de ce cheval a été mal sanglée. — L'argenterie renferme de l'alliage. — Je ferai une légère collation. — On fera une collecte pour une pauvre famille. — Le soleil se lève sur la colline. — Le moine prie dans sa cellule. — L'hirondelle reviendra au printemps. — Le bedeau de l'église a une hallebarde. — Marie ira à la halle. — Voilà une étoffe moelleuse. — Il prononce mal une syllabe. — J'allume le feu. — Dans une folle querelle, il n'y a pas une parcelle de vérité. — Mon frère ira au collége.

103. mm.

Un homme a cueilli une pomme sur un pommier. — Une femme acheta de la pommade. — J'ai payé une forte somme. — Il monta au sommet de la montagne. — Le commandant posa la main sur le pommeau de son épée. — J'obéirai à votre commandement. — Comment se porte madame votre mère? — La flamme brilla. — Je chante la gamme. — Je rédige le programme de l'examen. — Je pèse un gramme de sel gemme. — Je ferme ma commode. — Mon élève étudiera la grammaire. — La fraude déshonore le commerce. — La probité honore un commerçant. — Le commissaire de police veille à la sûreté publique. — On rendra hommage au vrai mérite. — Cet enfant a répondu comme un étourdi. — Il s'amuse constamment. — Au commencement, Dieu créa le monde. — Je commence à avoir sommeil. — Je préfère un sommier à une paillasse. — J'ai acheté un kilogramme de sucre et un hectogramme de café. — La fontaine fournira de l'eau abondamment.

104. nn.

Ma sœur Anne viendra l'année prochaine. — Jeanne d'Arc sauva la France. — J'ai rencontré une ancienne connaissance. — Le connétable remporta une victoire. — J'ai commandé un tonneau à mon tonnelier. — Tout a été perdu hormis l'honneur. — Le déshonneur sera la punition du traître. — Je ferme la persienne. — Le vannier demeure dans la rue de la Vannerie. — Je me promène la canne à la main. — Son innocence a été reconnue. — Je cherche à connaître la vérité. — La paysanne ira à la foire. — On estime l'honnêteté. — Cherche à acquérir une bonne réputation. — L'empereur d'Autriche réside à Vienne.—Le sonneur sonne la cloche.—J'ai perdu ma chienne.—Lucienne porte un bonnet de dentelle.—J'ai donné dans le panneau. — Le tanneur prépare le cuir. — La monnaie facilite l'échange.—Une innovation trouve souvent un obstacle dans l'ancienneté d'un usage. — Je touche une rente annuelle. — J'ai cassé un anneau de ma chaîne.—J'irai à Lausanne.

105. pp.

Je répondrai à votre appel. — Le poisson a mordu à l'appât. — Cet apprenti a bon appétit. — Il mérita mon approbation. — La toile a beaucoup d'apprêt. — Le prince a été reçu avec un grand appareil.—L'acteur a été applaudi. — Je me propose d'apprendre la musique. — On a étendu une nappe sur la table. — Je ferai mon rapport. — Je cueille une grappe de raisin. — L'apparence sera trompeuse. — On a donné un suppléant à ce professeur. — Je dessine une mappemonde. — On fera une supposition. — Votre supplication a été entendue. — Hippolyte a une bonne houppelande. — On conduira le criminel au supplice. — Ferme la trappe de la cave. — La chaleur a été insupportable.

— J'ai entendu le rappel. — Un rapprochement s'opéra entre la Turquie et la Russie. — L'oppression pèse sur la malheureuse Irlande. — La France donnera son appui à la nation opprimée. — Je supporte difficilement l'humidité. — Je récompenserai votre application.

106. rr.

Apporte un arrosoir. — Je règlerai l'arriéré. — Le commissaire de police a opéré une arrestation. — On a fermé la barrière. — Je perce la barrique. — Je trace un carré. — Je lave ce carreau de vitre. — Antoine a une large carrure. — Je tire une barre. — Je me destine au barreau. — J'irai à Nanterre. — Le guerrier aime la guerre. — Le tonnerre gronde. — Je remplirai ce verre. — La nourrice donne la nourriture à son nourrisson. — La pluie tombe à torrent. — La terre tourne. — J'ai visité un souterrain. — Voilà le parrain et la marraine de cet enfant dans le corridor. — Un enfant incorrigible sera malheureux. — J'ai horreur du mensonge. — Je te ferai une interrogation. — Corrige-toi de ton irréflexion, ou je t'infligerai une correction. — Le courrier va partir. — On fera de la bouillie de blé sarrasin. — L'ennemi fera une irruption sur notre territoire. — Cet enfant porte un sarrau. — Evite l'erreur. — On devra fuir la corruption. — On a tué un chien errant. — On vendra de la ferraille. —

Je boirai de l'eau ferrugineuse. — Pousse le verrou. — Je finirai ma correspondance.

107. ss.

On a expédié une caisse à l'adresse de l'abbesse. — Je ferai votre commission. — Le professeur corrigea une expression. — L'impolitesse indique la sécheresse de l'âme, le peu de délicatesse du sentiment. — Toute la famille tomba dans la détresse. — La procession fera le tour de la paroisse. — Le cuirassier porte une cuirasse. — Un dissentiment amène souvent une dissension. — Une discussion s'éleva dans l'assemblée. — J'ai le dessein d'apprendre le dessin. — On trouva un ossement humain. — J'irai à la chasse. — On transporta la châsse de sainte Geneviève. — Je prie par l'intercession de la sainte Vierge. — L'oiseau prendra son essor. — Un essaim se posa sur la ruche. — Je monte sur la terrasse. — On demande de la filasse. — Sa tristesse se dissipera. — Je redoute un caractère dissimulé. — Votre dissipation nuira à votre progrès. — Ma sœur fera de la tapisserie. — Elle aime la pâtisserie. — J'ai pêché une écrevisse dans le ruisseau. — L'actrice rentra dans la coulisse. — Je ferai de l'essence de rose. — On a négligé l'essentiel. — On prononça son admission à l'académie. — J'ai acheté un saucisson. — En voilà assez.

108. tt.

Le héron a une aigrette sur la tête. — J'ai entendu le chant de la fauvette et de l'alouette. — Le chiffonnier porte une hotte. — L'infanterie marcha à la baïonnette et enleva une batterie. — J'atteindrai mon but. — Une coquette ressemble à une marionnette. — La chatte a mal à la patte. — Cet officier a gagné son épaulette sur le champ de bataille. — J'ai entendu la trompette. — La flotte sortira du port. — J'ai mangé une datte. — J'ai oublié la date de votre lettre. — J'ai besoin d'une allumette. — J'ai déchiré ma botte. — La mer Méditerranée baigne le littoral de la Provence. — Jeanne Hachette sauva Beauvais. — Je mangerai une côtelette et une omelette. — J'ai acheté une feuillette de vin de Mâcon. — J'ai bu de la piquette. — On a placé une girouette sur cette maisonnette. — La violette, symbole de la modestie, se cache sous l'herbe. — Ma sœur changea la chemisette de sa collerette. — On a étendu une natte sous la table. — Cet attentat sera sévèrement puni. — La musique a de l'attrait pour moi. — J'ai dessiné une silhouette. — On a préparé du bœuf à la vinaigrette. — Apporte-moi une serviette. — J'arrache une carotte. — La bergère a une houlette. — Cette demoiselle semble douillette. — Je prendrai une baguette. — Je lirai la gazette.

CINQUIÈME PARTIE.

ORTHOGRAPHE DE MODIFICATION OU GRAMMATICALE.

Avant les dictées suivantes, on expliquera aux élèves :

1° Que certains mots ne s'écrivent pas toujours de la même manière ; qu'ainsi, au *pluriel*, c'est-à-dire quand on parle de plusieurs personnes ou de plusieurs choses, on ajoute une consonne muette, ou même on change la terminaison qu'il y avait au *singulier*, c'est-à-dire quand on parlait d'une seule personne ou d'une seule chose ;

2° Que les mots terminés au singulier par *s*, *x* ou *z* ne varient pas au pluriel ;

3° Que les mots terminés au singulier par *al* prennent au pluriel *aux* au lieu de *al*, et qu'il en est de même pour quelques mots terminés par *ail* ;

4° Que l'on ajoute un *x* au pluriel des mots terminés au singulier par *eu*, *au* ou *eau* ;

5° Que l'on ajoute un *s* pour former le pluriel des autres mots ;

6° Que l'on fait ces changements, non-seulement aux noms des personnes ou des choses, mais aussi aux mots qui accompagnent ces noms, qui expriment la qualité de ces noms ou qui les déterminent.

On dictera le singulier, et on fera former le pluriel par les élèves.

109.

SINGULIER.	PLURIEL.
Le fils.	Les fils.
Le discours.	Les discours.
Le choix.	Les choix.
Le prix.	Les prix.
Le nez.	Les nez.
Le gaz.	Les gaz.
L'animal.	Les animaux.
Le cheval.	Les chevaux.
Le travail.	Les travaux.
Le cheveu.	Les cheveux.
Le sarrau.	Les sarraux.
Le chapeau.	Les chapeaux.
Le chien.	Les chiens.
Le coq.	Les coqs.
La poule.	Les poules.
Le cahier.	Les cahiers.
La plume.	Les plumes.
Ce livre.	Ces livres.
Cet enfant.	Ces enfants.
Cette rivière.	Ces rivières.
Mon couteau.	Mes couteaux.
Ma parole.	Mes paroles.
Ton défaut.	Tes défauts.
Ta vertu.	Tes vertus.
Son mérite.	Ses mérites.
Sa qualité.	Ses qualités.
Notre voyage.	Nos voyages.
Votre lecture.	Vos lectures.

SINGULIER.	PLURIEL.
Leur cousin.	Leurs cousins.
Du drap.	Des draps.
Au laboureur.	Aux laboureurs.
Un bras.	Des bras.
Une dent.	Des dents.
Une voix.	Des voix.
Un secours.	Des secours.
Une croix.	Des croix.

110.

La belle voix.	Les belles voix.
Cette grande maison.	Ces grandes maisons.
Ce joli cheval blanc.	Ces jolis chevaux blancs.
Mon beau tableau.	Mes beaux tableaux.
Un soldat courageux.	Des soldats courageux.
La jolie fleur blanche.	Les jolies fleurs blanches.
Un rideau rouge et blanc.	Des rideaux rouges et blancs.
Un mensonge affreux.	Des mensonges affreux.
La bonne petite fille docile.	Les bonnes petites filles dociles.
Un torrent rapide et fangeux.	Des torrents rapides et fangeux.
Le méchant garçon paresseux.	Les méchants garçons paresseux.
Un petit moineau effronté.	De petits moineaux effrontés.

SINGULIER.	PLURIEL.
Un lieu délicieux.	Des lieux délicieux.
Le brave général français.	Les braves généraux français.
La première belle journée.	Les premières belles journées.
Le dernier beau jour.	Les derniers beaux jours.
Toute la première page.	Toutes les premières pages.
Ce beau bœuf roux.	Ces beaux bœufs roux.
La vache maigre.	Les vaches maigres.
Cette fenêtre ouverte.	Ces fenêtres ouvertes.
La porte fermée.	Les portes fermées.
La vieille église gothique.	Les vieilles églises gothiques.
Mon travail terminé.	Mes travaux terminés.
L'ombrage épais.	Les ombrages épais.
Du chêne touffu.	Des chênes touffus.
Le petit enfant soumis.	Les petits enfants soumis.

Avant les dictées suivantes, on expliquera aux élèves :

1° Que les mots devant lesquels on place *je, tu, il* ou *elle, nous, vous, ils* ou *elles*, sont appelés des *verbes ;*

2° Qu'on trouve l'*infinitif* ou *nom* du verbe en plaçant devant le verbe, *je veux*, comme :

   Je suis. . . . . Je veux *être ;*
   Nous rendions. . . . Je veux *rendre ;*
   Il chanta. . . . . . Je veux *chanter.*

3° Que les verbes qui ont à l'infinitif une terminaison qui sonne à l'oreille comme é, s'écrivent *er* dont la consonne *r* est muette.

4° Que la terminaison des verbes change suivant le mot qui précède le verbe, et que dans ces diverses terminaisons, les consonnes sont muettes.

On indiquera ces terminaisons pour chacune des dictées.

111. Après je :

e, ai, s. — *x* après *eu, au*.

$\left.\begin{array}{l}ds\\ts\\ps\\cs\end{array}\right\}$ après les verbes dont l'infinitif est terminé en $\left\{\begin{array}{l}dre,\\tre,\\pre,\\cre.\end{array}\right.$

Je chante une chanson. — Je finis mes devoirs. — Je reçois une récompense. — Je réponds à une lettre. — Je mets toute mon application à ce travail. — Je convaincs cet homme. — J'écrivais mal autrefois. — J'écrirai mieux à l'avenir. — Je voudrais bien sortir si je le pouvais et si j'en avais le temps. — Je suis retenu à la maison. — J'en prends mon parti. — Je m'en consolerai. — Je romps le silence. — Je mords mon pain. — Je mange ma soupe. — Je reconnais ma faute. — J'aperçois votre frère. — Je reconnus mes fautes. — J'ai acheté des plumes excellentes. — Je copie ces trois pages. — J'apprends ma leçon. — Je la réciterai bientôt. — Je fends du bois. — J'attends une visite. — Je répands des larmes. — Je parcourus les environs. — Je dois quatre francs. — Je conçus une espérance. — J'apercevais un petit oiseau. — Je frémis au bruit du tonnerre. —

Je tonds le gazon. — Je fonds du plomb. — Je dormis sept heures. — Je sonnai la cloche. — J'analyserai cette phrase. — J'arroserais mon jardin si j'avais un arrosoir. — Je pends ce tableau. — Je rends grâce à Dieu. — Je prends la résolution de bien travailler. — Je veux m'appliquer pour réussir. — Je le peux si je le veux.

112. Après **tu** :

s. — x après *eu, au.*

ds, ts, ps, cs } après les verbes terminés à l'infinitif en { *dre, tre, pre, cre.*

Tu chantes un air. — Tu finis ce travail. Tu reçois une réprimande. — Tu réponds mal à ma question. — Tu mets ces livres sur la table. — Tu te convaincs de tes défauts. — Tu écrivais trop lentement. — Tu écriras plus vite maintenant. — Tu voudrais que je restasse avec toi. — Tu es mécontent de ton sort. — Tu prends mal les choses. — Tu te consoleras de ce malheur. — Tu romps ce morceau de bois. — Tu mords dans la galette. — Tu manges des fruits. — Tu reconnais tes erreurs. — Tu aperçois tes fautes. — Tu reconnus cet homme. — Tu as perdu tes plumes. — Tu copies de la musique. — Tu apprends à dessiner. — Tu réciteras ces deux fables. — Tu me fends la tête. — Tu attends le dîner. — Tu répands du vin sur la nappe. — Tu parcourus cette histoire. — Tu dois travailler. — Tu conçus des soupçons. — Tu apercevais des oiseaux. — Tu frémis de frayeur. — Tu tonds ton chien. — Tu fonds du lard. — Tu dormis peu. — Tu sonnas le déjeuner. — Tu analyseras ce mot. — Tu arroserais ces fleurs si tu avais de l'eau. — Tu suspends ton chapeau. — Tu rends l'argent que tu dois. — Tu prends courage. — Tu peux réussir si tu le veux.

113. Après **il**, **elle** ou un **nom** singulier.

e, a, t.
d
c } après les verbes terminés à l'infinitif en { dre, cre, pre..
pt

Il chante une romance. — Il finit sa dictée. — Il reçoit des reproches. — Il répond de réussir. — Il met ses souliers. — Elle se convainc de son tort. — Elle écrivait une lettre. — Mon frère écrira deux pages. — Sophie voudrait que tu finisses ce bruit. — Il est très malade. — L'oiseau prend son vol. — Mon frère se consolera. — Frédéric rompt cette baguette. — Cet enfant mord ses doigts. — Le chat mange sa pâtée. — Cette femme reconnaît ses torts. — Elle aperçoit de loin le clocher. — Paul ne reconnut pas cette dame. — Il a perdu trois heures à ne rien faire. — Il copie sa leçon qu'il ne sait pas. — Le navire fend les vagues. — Mon père attend mon retour. — Il se répand en conjectures sur mon retard. — Il parcourut la campagne. — L'homme doit respecter la vérité. — Il conçut une vaine espérance. — Alphonse apercevait qu'il s'était trompé. — Il frémissait de crainte. — Antoine tond les moutons. — Marie fond du beurre pour le saler. — Le malade dormit fort mal. — La cloche sonna. — On analysera cette liqueur. — Le jardinier arroserait s'il ne pleuvait pas. — Le professeur suspend son cours. — Dieu rend à chacun selon ses œuvres. — Le soldat reprend courage. — Il veut triompher.

114. Après **nous** :

ons, mes.

Nous chantons un duo. — Nous finissons de chanter. — Nous recevons des applaudissements. — Nous répondons que nous ne les méritons pas. — Nous vainquons les ennemis. — Nous écrivions quand tu es arrivé. — Nous écrirons quand il sera parti. — Nous voudrions aller vous voir. — Nous sommes heureux de vous rencontrer. — Nous prenons patience. — Nous nous consolerons mutuellement. — Nous rompons la glace du bassin. — Nous mordons dans des pommes. — Nous mangerons des abricots. — Nous reconnaissons cette personne. — Nous apercevons des arbres dans le lointain. — Nous reconnûmes l'exactitude de ce compte. — Nous avons repassé nos leçons. — Nous les réciterons demain. — Nous fendons la foule. — Nous attendons plusieurs lettres. — Nous répandons de l'eau sur le parquet. — Nous parcourûmes et nous visitâmes les alentours du château. — Nous devons payer cent francs. — Nous conçûmes des craintes. — Nous apercevions un vaisseau à l'horizon. — Nous frémîmes à cette nouvelle. — Nous tondons la brebis. — Nous fondons sur les ennemis. — Nous dormîmes pendant quatre ou cinq heures. — Nous sonnâmes à la porte. — Nous analyserons ces douze lignes. — Nous arroserions les radis si nous en avions le temps. — Nous peignons à l'huile. — Nous nous rendrons à votre invitation. — Nous reprenons courage. — Nous voulons vous contenter si nous le pouvons.

115. Après **vous :**

ez, tes.

Vous chantez un trio. — Vous finissez vos lettres. — Vous recevez vos amis. — Vous répondez du succès. — Vous mettez vos bas à l'envers. — Vous vous convainquez de la vérité. — Vous écriviez horriblement mal. — Vous écrirez beaucoup mieux à l'avenir. — Vous voudriez me tromper. — Vous êtes tous contents. — Vous prenez la fuite. — Vous consolerez les affligés. — Vous rompez le pain. — Vous mordez vos ongles. — Vous mangez malproprement. — Vous reconnaissez vos torts. — Vous apercevez une paille dans l'œil du prochain. — Vous reconnûtes la vérité de mes paroles. — Vous avez achevé votre travail. — Vous copiez vos devoirs. — Vous apprenez la géographie. — Vous réciterez plus tard. — Vous fendez une planche. — Vous attendez inutilement. — Vous répandez de l'huile sur vos doigts. — Vous parcourûtes la forêt. — Vous devez vous y attendre. — Vous conçûtes un fol espoir. — Vous vous aperceviez de cela. — Vous frémîtes de tous vos membres. — Vous tondez ces brebis. — Vous fondez du soufre. — Vous dormîtes tout de suite. — Vous sonnâtes les cloches. — Vous analyserez cette eau. — Vous arroseriez si vous le pouviez. — Vous prétendez avoir raison. — Vous rendez vos devoirs au prince. — Vous prenez du café. — Vous voulez copier cette romance.

116. Après **ils, elles** ou un **nom** pluriel :

nt, ent muets.

Ils chantent un chœur. — Ils finissent leurs devoirs de grammaire. — Ils reçoivent des leçons d'orthographe. — Ils répondent pour les autres. — Elles mettent leurs bottines. — Elles se vainquent elles-mêmes. —

Ces trois élèves écriront pendant une demi-heure. — Vos sœurs écrivaient à leurs amies. — Elles voudraient s'amuser. — Les oiseaux prennent l'essor. — Les affligés se consoleront. — Ils rompent le silence. — Les chiens hargneux mordent. — Les moineaux mangent les raisins du jardin. — Elles reconnaissent leur route. — Les tours du château s'aperçoivent de loin. — Mes sœurs ne reconnurent pas ma tante. — Ils ont travaillé dix minutes. — Ils recopient les verbes. — Les canots fendent l'eau. — Les voyageurs attendent le convoi. — Les laboureurs répandent du fumier dans les sillons. — Des courriers parcoururent tout le pays. — Les hommes doivent pratiquer la vertu. — Ils conçurent des projets chimériques. — Ils apercevaient des hommes qui venaient. — Ils frémissaient d'impatience. — Les bergers tondaient les brebis. — Des fléaux fondent sur l'Italie. — Ils dormirent profondément. — Les cloches sonnèrent. — Les élèves analyseront cette fable. — Les enfants arroseraient leurs petits jardins. — Ces bois dépendent du château voisin. — Ils rendent des services à leurs amis. — Ces plantes reprennent depuis qu'il a plu. — Ces enfants veulent soulever ce poids et ils ne le peuvent pas.

117. Récapitulation.

Le soleil fond la glace. — La neige qui

couvrait les champs a disparu. — Le printemps revient. — Il ramènera les beaux jours. — Les petits oiseaux chantent. — Ils sont joyeux. — Ils construisent leurs nids. — Nous admirons les fleurs nouvelles. — Elles émaillent les prairies. — Vous cueillerez des violettes. — Elles répandent un parfum délicieux. — Si vous travaillez bien, je vous conduirai à la promenade. — Nous trouverons des fraises dans les bois. — On en remplira un panier. — Tu viendras avec nous si tu es sage. — Charles est paresseux; il restera à la maison pour travailler. — Je suis bien fâché d'avoir été indolent. — Je promets que je ne le serai plus. — Je te pardonne pour cette fois, et tu pourras venir à la promenade. — Je vous remercie, car je n'avais pas mérité cette faveur. — Je vois avec plaisir que tu avoues ta faute et que tu feras mieux à l'avenir. — Nous partons, dépêchez-vous. — Nous sommes prêts. — Mettons-nous en route.

118. Le pauvre Louis.

Le pauvre Louis habitait dans un village une petite et simple chaumière. Il était pauvre, bien pauvre; il vivait du travail de ses bras, labourant la terre, et il avait quatre enfants à nourrir. Le matin, dès que le jour paraissait, il était à l'ouvrage, courbé sur sa bêche, la sueur sur le front; il ne rentrait que le soir lorsque déjà le soleil s'était caché à l'horizon.

ar c'est une grande tâche de nourrir quatre
nfants, et les enfants ne songent pas toujours
tout ce qu'ils coûtent à leur père. Cependant
e pauvre Louis ne se plaignait pas ; il avait
e cœur content et le visage gai. Le soir, il
mbrassait ses enfants, et il les faisait sauter
ur ses genoux en chantant. Puis il mangeait
vec eux un pain grossier, et la bonne hu-
eur assaisonnait ce repas. Il s'endormait
ranquille, il dormait du sommeil du juste qui
epose dans les bras de Dieu.

119. Suite.

Aux jours de fêtes, il allait avec sa femme et
es enfants prier Dieu à l'église ; et de retour,
l s'asseyait sous un grand arbre, et il regar-
ait joyeusement ses enfants qui jouaient sur
e gazon. Ainsi s'écoulait sa vie, sans agita-
ion, sans trouble, sans souci du lendemain.
Dans ses prières, il disait : « Mon Dieu, con-
servez-moi la santé, car mes bras, c'est le
pain de mes enfants. » Il ne demandait à
Dieu ni les richesses ni la grandeur. Il aimait
à parler de son père qui avait été un homme
pauvre comme lui, un homme pauvre mais
content, et dont le corps reposait au cimetière
à côté du riche dont la vie avait été agitée et
tumultueuse.

120. Fin.

Il obligeait ses voisins le plus qu'il le pouvait, non de sa bourse, le pauvre homme, car sa bourse n'était jamais pleine, mais de ses bras, de son travail, et tout le monde l'aimait. Et il disait qu'il aimait mieux l'amitié de ses voisins qu'une bourse remplie d'or. Tel était le pauvre Louis ; mais, si pauvre qu'il était, savez-vous qu'il n'y avait personne de plus heureux que lui dans le village? Il était heureux parce qu'il n'avait rien à se reprocher, parce qu'il était bon, parce qu'il était vertueux. Il était heureux parce qu'il avait une bonne conscience. La bonne conscience est la meilleure amie de l'homme, elle ne l'abandonne jamais.

FIN.

TABLE DES MATIÈRES.

Avertissement...... 5

PREMIÈRE PARTIE.
ORTHOGRAPHE NATURELLE.

1. Une et deux syllabes : une consonne et une voyelle. 7
2. Trois syllabes : une consonne et une voyelle.... 8
3. Quatre syllabes et plus : une consonne et une voyelle.. id.
4. Syllabes formées d'une voyelle. 9
5. *ou*................ id.
6. *ch*................ 10
7. *gn*................ id.
8. *ill*................ 11
9. *an*................ 12
10. *in*................ id.
11. *on*................ 13
12. *un*................ id.
13. *oi*................ 14
14. *oin*. — *ien*......... id.
15. Syllabes de trois lettres : une voyelle entre deux consonnes.......... 15
16. Syllabes de trois lettres : deux consonnes et une voyelle.. 16
17. Syllabes de deux lettres : une voyelle et une consonne. .... id.
18. Syllabes de quatre lettres : deux consonnes, une voyelle et une consonne..... 17
19. Syllabes de quatre lettres : trois consonnes et une voyelle.......... 18
20, 21, 22. Dictées de récapitulation.......... 19

DEUXIÈME PARTIE.
ORTHOGRAPHE MULTIPLE.
SONS.

23. è par *ei*........... 21
24. è par *ey*........... 22
25, 26, 27. è par *ai*...... id.
28. è par *ay*. — è par *æ*... 24
29, 30. Récapitulation : è par *ei, ey, ai, ay, æ*..... id.
31. e par *eu*........... 26
32. e par *œu*, par *ue*, par *œ*.. id
33. Récapitulation : e par *eu, œu, ue, œ*......... 27
34, 35. i par *y*......... 28
36, 37. o par *au*........ 29
38, 39. o par *eau*....... 30
40. o par *ao*, par *oa*, par *u* dans la syllabe *um*...... 32
41, 42. Récapitulation : o par *au, eau, ao, oa, u*..... id.
43. u par *eu*. — ou par *aou*.. 34
44. an par *am*......... id.
45, 46, 47. an par *en*..... 35
48. an par *em*........ 38
49. an par *ean*, par *aen*, par *aon*............ id.
50. Récapitulation : an par *am, en, em, ean, aen, aon*.. 39

	Pages.
51. *in* par *im*.	39
52. *in* par *yn*, par *ym*.	40
53. *in* par *ain*.	id.
54. *in* par *aim*.	41
55. *in* par *ein*.	id.
56. *in* par *en*.	42
57. Récapitulation : *in* par *im*, *yn*, *ym*, *ain*, *aim*, *ein*, *en*.	43
58. *on* par *om*, par *aon*, par *un*. — *un* par *um*, par *eun*.	id.
59. *oi* par *oy*, par *oie*, par *oê*.	44
60. *ui* par *uy*. — *ian* par *iam*, par *ien*. — *oin* par *ouin*, par *ouen*.	45

ORTHOGRAPHE MULTIPLE.
ARTICULATIONS.

61, 62, 63. *b* par *bh*. — *d* par *dh*. — *f* par *ph*.	45
64, 65. *g* par *gu*, par *yh*.	47
66, 67. *j* par *g*.	48
68. *j* par *ge*.	49
69. *c* par *k*, par *ck*.	50
70. *c* par *q*, par *qu*, par *cqu*.	51
71. *c* par *ch*, par *cch*.	id.
72. *r* par *rh*.	52
73. *s* par *c*.	id.
74. *s* par *ç*.	53
75. *s* par *sc*.	54
76. *s* par *t*.	id.
77. *t* par *th*.	55
78. *z* par *s*.	56
79. *s* par *ss*.	id.
80. *ch* par *sch*.	57
81. *ill* par *il*.	id.
82. *x* par *cc*.	58
83. *x* par *ct*.	59

	Pages.
84. *x* par *xh*.	59
85, 86. *h* muette.	60
87, 88. *h* aspirée.	61
89. *y* pour deux *i*.	63
90. Tréma.	64

TROISIÈME PARTIE.
CONSONNES MUETTES.

91. *b*. — *c*. — *d*. —.	65
92. *f*. — *g*. — *l*. — *n*. —.	66
93. *p*. — *r*. —.	67
94, 95. *s*. —.	68
96, 97. *t*. —.	69
98. *x*. — *z*. —.	71
99. Deux consonnes finales muettes.	72

QUATRIÈME PARTIE.
CONSONNES DOUBLES.

100. *bb*. — *cc*. — *dd*.	73
101. *ff*. — *gg*.	74
102. *ll*.	75
103. *mm*.	id.
104. *nn*.	76
105. *pp*.	77
106. *rr*.	78
107. *ss*.	79
108. *tt*.	80

CINQUIÈME PARTIE.
ORTHOGRAPHE GRAMMATICALE.

109 à 117.	82
Dictées courantes :	
118, 119, 120. Le pauvre Louis.	92

Paris. — Imprimé par F. Thunot et Cᵉ, 26, rue Racine.